お金持ちは
どうやって
資産を？
残しているのか

ランドマーク税理士法人 代表税理士
清田幸弘

あさ出版

「こんな方法もあったのかと
驚いた。
多額の税金を払わず
資産を残し、
事業を残すヒントが
この本には詰まっている。
私もこの本の方法で、
さまざまな対策を打っている」

株式会社武蔵野　代表取締役社長

小山昇

はじめに

「貸金庫」から出てきた、税理士も知らない秘密の5億円！

私は「ランドマーク税理士法人」の代表税理士（所長）として、「相続・事業承継対策支援」「資産税コンサルティング」「決算、確定申告（個人・法人）」に携わっています。

これまで、1万人以上の資産家（いわゆる「お金持ち」）から相談を受け、2000人以上の相続税の税務申告を行ってきましたが、その結果としてわかったことがあります。

それは、**億単位の資産を持つ人は、皆「お金の残し方」に不安を抱いている、**ということです。

お金の残し方には、２つの意味があります。

「お金を貯める」という意味での「残す」と、**「次の世代に財産を承継する」**という意味での「遺す」です。

「お金を貯める」ために、お金持ちが知恵を絞っているのが**「節税対策」**です。

個人事業主が利益の拡大にともなって会社を設立するのも、個人でいるよりも「法人」のほうが「節税」が期待できるからです。

経営者が「高級車」に乗るのは、必ずしも見栄えのためではなく、それが「節税」につながるからです（どうして高級車が節税対策になるのかは、77ページで説明します）。

お金持ちにとって、高額な納税は由々しき事態です。ですから節税に励むわけですが、ときに、行き過ぎてしまうことがあります。

私たちが受け持つ相続案件、個人所得税・法人税案件において、税務調査が入ることはほとんどありません。税務調査が入る確率は、「ランドマーク税理士法人」の場合、「１％以下」です。

つまり「よほどのことがなければ、税務調査には入られない」。

ですが、逆の見方をすると、「税務調査に入られた1％には、『よほどの理由』がある」と解釈できます。


ある相続案件で、国税局の調査が入ったことがあります。

Aさんが受け継いだ資産（ほとんどが土地）は、**約50億円。**私たちは、できるだけ相続税額を低くする対策を取って、申告をしました。申告に違法性はなかった。それなのに、なぜか国税局が乗り出してきたのです。

どうして、国税局に目をつけられたのでしょうか。

じつは、Aさんには、私たちにも**内緒にしていた「財産」**がありました。隣県の地方銀行に貸金庫を借りて、現金を貯め込んでいたのです。

金額を聞いて、私もさすがに驚きました。

「5億円」です。

私が「どうして、5億円ものお金が置いてあったのですか？」と尋ねると、Aさんはバツが悪そうに答えました。**「いつのまにか、貯まってたんです……」。**

Aさんが貸金庫を解約し、現金を車に積み込もうとした瞬間、4人の国税調査官があらわれたそうです。

私も、「税理士の指導不足です。申し訳ございません」と頭を下げました。「逮捕」は免れましたが、Aさんは、3億円以上の本税と重加算税を支払うことになりました。

Aさんは「節税」のつもりだったのかもしれません。

けれど、悪質とされていたら、「脱税」で刑事告訴されていたでしょう。

節税は、適法の範囲内で納税負担を軽くするためのものであって、脱税とは違います。

このケースは、Aさんの「お金」に対する不安が引き起こしたものです。「税金」のしくみをきちんと理解し、正しい節税対策を取っていれば、国税局に睨まれることはなかった。

「正しい相続」をしないと、何億ものお金が無駄になる

「お金を遺す」ための対策が、「相続税対策」です。

Bさんには、財産が**「2億円」**ありました。

Bさんの死後、家族（配偶者ひとりと子ども3人）が財産を引き継いだのですが、Bさんは、相続税対策を何もしないで亡くなったため、相続税は、総額で**「1200万円強」**に及びました。残された家族にとって、大きな負担です。

同じく、Cさんにも**「2億円」**の財産がありました。ところがCさんの親族は、1円の相続税も支払わず**「ゼロ円」**で財産を引き継いでいます。

しかも、Cさんは、3人の子どもだけでなく、7人いる「孫」にまで、財産を無税で譲ることができた。

Bさんも Cさんも、財産の額は同じです。

それなのに、どうしてCさんの財産には税金がかからなかったのでしょうか。

それは、Cさんが相続や贈与のしくみをきちんと理解した上で、「対策」を行ったからです。

その方法は89ページで詳しく説明しますが、本書で紹介するやり方を応用すれば、**億単位の財産を「税金ゼロ」で移すことができる**ようになります。

また、相続税の納税をしたあと、もう一度、相続税の申告書を見直してみたら、「相続税を多く納めすぎていた」ことが判明するケースがあります。

相続税の税額は「持っている財産の価値がいくらなのか（評価額）」によって決まります。ということは、財産の価値を正しく見極めないと、「払わなくてもいい多額の税金」まで、払うことになりかねません。

とくに「土地」の評価は難しいため、評価のしかたによって（誰が評価するかによって）評価額が変わってしまう。

Dさんの自宅の裏山は、「宅地として使える山林」と考えられていて、1平方メートルあたり「20万円」以上で評価されていたのですが、私たちが再評価をしてみたら、「この土地は宅地としては使えないから、評価が下がる」ことがわかって、1平方メートルあたり「数百円」にまで下がりました。

さっそく私たちが「相続税の還付の請求」（139ページ）を行ったところ、なんと、**「約1億4000万円」のお金が戻ってきました。**

また、Eさんの場合は、相続税を納税したあとに、持っている土地の一部に土壌汚染が見つかりました。相続税の申告を担当した前の税理士が調査を怠り、「土壌に有害物質が含まれている」ことを見逃していたのです。

あらためて試算したところ、土地の評価額が4000万円も下がり、**「1500万円」の還付を受けることができました。**

もし私たちが見直しをしなければ、DさんもEさんも、お金を無駄にしていたことになります。

今、お金持ちの間では、このように資産を残すことへの関心が高まっています。

2015年に相続税が改正され、大幅な増税になったからです。

しかも、**増税によって、これからの時代は、「税金を支払うのは、本当のお金持ちだけ」ではなくなります。**

首都圏では、相続税の課税対象者が「ほぼ倍増する」と言われています。早くから対策を講じておかないと、多額の税金が発生することになり、資産を残すことができません。

本書では、おもに「資産の残し方」について、私が実際に行った相続、贈与、事業承継、節税などの事例を通して、

「どうすれば、税金を安くできるのか」
「どうすれば、財産を減らさずに次の世代に受け継がせることができるのか」
「どうすれば、自分が育てた事業を継続させていくことができるのか」

わかりやすく解説していきます。

本書が、みなさまの助力となれば幸いです。

ランドマーク税理士法人代表税理士　清田幸弘

お金持ちはどうやって資産を残しているのか

目次

第2章

「お金持ち」がいちばん嫌いなもの

第3章

「お金持ち」はどうやって資産を残しているのか

CONTENTS

第4章

「お金持ち」の事業の残し方

CONTENTS

編集協力／藤吉 豊（クロロス）
本文デザイン・DTP／斎藤 充（クロロス）

第1章

「お金持ち」とは、どんな人か？

いくら持っていれば「お金持ち」と呼ばれるのか？

「所得1000万円以上」「資産1億円以上」が「お金持ち」の目安

ひとくちに「お金持ち」といっても、いくらお金を持っている人のことを指すのか、その基準はあいまいです。

年収が高い人もお金持ち。大きな資産（不動産など）を持っている人もお金持ち。高級外車を乗り回し、ブランド服に身を包んでいる人もお金持ち。社会的地位が高い人もお金持ち。お金持ちのイメージはさまざまです。

「マイナビスチューデント」（学生のための応援サイト）が、ビジネスパーソンを対象に、「貯金」に関するアンケートを実施しています。

「貯金いくらくらいで、『お金持ちになったなあ』と実感した、もしくは実感できると思いますか？」

という質問をしたところ、「1位　1000万円／32・5％」「2位　1億円／12・1％」「3位　100万円／9・3％」「4位　5000万円／8・7％」「5位　3000万円／5・9％」という結果が出ました。


野村総合研究所は、純金融資産保有額が「1億円以上5億円未満」を「富裕層」、「5億円以上」を「超富裕層」として、これらを合わせた日本の世帯数は、「約101万世帯」と発表しています（2013年時点）。

純金融資産保有額とは、預貯金、株式、債券、投資信託、一時払い生命・年金保険など、すぐに現金化できる資産の合計額から、負債を差し引いた額のことです。


また、世界の富裕層調査として知られる「ワールド・ウェルス・レポート2015」では、投資可能資産総額が「100万米ドル以上」を富裕層と定義しています。

投資可能資産総額とは、自宅、耐久消費財、美術品などのコレクションを含まない資産のことです。このレポートによると、日本の富裕層人口は、2014年には「245万2000人」にのぼり、アメリカに次いで世界第2位になっています。

調査レポートによって「富裕層」の定義は異なりますが、それでもおおむね、「資産1億円」をお金持ちの基準にしているようです。

「お金持ち」と呼ばれるための「3つ」の条件

「ランドマーク税理士法人」では、相続税・法人税・所得税の申告から資産運用、節税対策、生前対策、事業承継まで、数多くの事例をお手伝いさせていただいています。

「収入は少ないけれど、土地（資産）をたくさん持っている人」「収入は多くても、資産は少ない人」など、さまざまなタイプのお金持ちを見てきた結果、私は、次の「3つ」の視点から、お金持ちの意味づけをしています。

条件① 年間の「所得」が「1000万円以上」ある人

「年収1000万円」をお金持ちの基準にする人は多いと思います。とくに、会社員(サラリーマン)の物差しは、「年収」です。

給与所得者の中で「年収1000万円を超える人口の割合」は男女計で4・1%(国税庁「平成26年分 民間給与実態統計調査」)しかいませんから、たしかに「年収1000万円」をお金持ちとみなすこともできます。

ですが私は、節税や資産運用で見た場合、「年収」や「収入」ではなく、「所得」で考えたほうが、実態に近いと思います。

「収入」「年収」「所得」を同じものとみなしている人もいますが、税法上は違います。

【収入】

・会社員の場合

=収入」です。

「給与」には、残業代や各種手当、賞与などが含まれます。「給与」から、残業代や各種手当、賞与などを引いたものが「給料」です。

・自営業者の場合／年商（売上）のこと。自営業者には「年収」「給与」「給料」という概念は当てはまりません。

【所得】

・会社員の場合／年収から「給与所得控除」を差し引いたあとの金額のこと（給与所得）。「給与所得控除」とは、わかりやすく言うと、サラリーマンにとっての「必要経費」です。収入（年収）に応じて、一定金額が控除されます。

「収入（年収）－給与所得控除＝給与所得」

・自営業者の場合／年商（売上）から、必要経費を差し引いたあとの金額のこと（事業所得）。

必要経費とは、「収入を得るために必要な出費」のことです。

「収入（年商、売上）－必要経費＝事業所得」

私が「所得」を基準にしているのは、必要経費の金額によっては、どれほど収入が多くても、お金が手元に残らないことがあるからです。

たとえば、「1億円」の収入があっても、必要経費に「1億円」かかっていれば、差し引きで、所得は「ゼロ円」になります。年収が多くても、所得が「ゼロ円」の人をお金持ちと呼ぶには、違和感があります。

会社員の場合は、所得がゼロになることはありません。しかし、年収1000万円超の人には、「一律220万円」の給与所得控除がありますから（2017年から）、年収が1000万円あっても、給与所得は、780万円になります。

条件②　「純資産」が「1億円以上」ある人

純資産とは、「資産」から「負債」を差し引いたものです。

1億円のマンションを持っていても、銀行からの住宅ローンで購入している場合には、「純資産」には当てはまりません。

条件③　「相続税」の対象となる人

相続税とは、「亡くなった人（被相続人）」の残した財産（遺産）を「相続や遺贈（遺言による贈与）により取得した人（相続人／受遺者）」に対して課税される税金のことです。

相続税には、「いくらまでの財産なら税金を払わなくてもいい」という「基礎控除」があり、財産の評価額が基礎控除の金額以下であれば、相続税はかかりません（相続税については、44ページ以降で詳述します）。

【基礎控除額の計算方法】

「3000万円＋（600万円×法律で決まった相続人の数）」＝基礎控除額

たとえば、法律で決まった相続人（法定相続人と呼びます）が3人（妻と子ども2人）の場合、

「3000万円＋（600万円×3人）＝4800万円」

基礎控除額は「4800万円」ですから、財産の評価額が4800万円を超える人は、相続税の対象になります。

日本において、相続税がかかる人は「相続が発生した100人のうち、7、8人程度」しかいませんから、「相続税がかかる人」＝「お金持ち」と考えることができるでしょう。

本書では、この「3つ」の条件のどれかひとつでも満たしている人のことを「お金持ち」と定義することにします。

お金持ちの3条件

条件①

年間の「所得」が1,000万円以上

条件②

「純資産」が1億円以上

条件③

「相続税」の対象

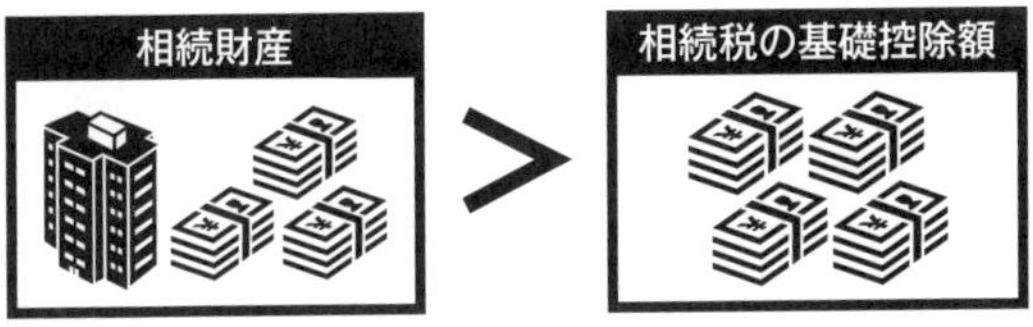

お金持ちのタイプは、大きく「4つ」に分類できる

お金持ちのお金の出どころは、どこにあるのか?

お金持ちは、どのようにして「所得」や「資産」を増やしているのでしょうか。

お金持ちの収入源をひもとくと、大きく、「4つ」のカテゴリーに分類することができます。

【お金持ちの4つのカテゴリー】

①地主系

②投資系
③事業系
④キャッシュリッチ系

①地主系

地主系は、**資産のほとんどが、先代から引き継いだ「土地（不動産）」**です。

現預金や有価証券はそれほど持っておらず、質素で堅実な生活をしている地主が少なくありません。

更地《さらち》を持っていても収入にはなりませんから、アパートやマンション、貸し駐車場などの**「賃貸経営」**で土地を活用し、不労所得を得ています。農業や商店を本業としながら、実質的な収入は、賃貸経営で得ている地主もいます。

「ランドマーク税理士法人」に相続税対策の相談にくるお客様の中で、もっとも多いのがこの「地主系」です。

年齢は比較的高く、60代～80代。総資産が「10億円以上」の方もいらっしゃいます。

「地主系」の実態を細かく見ていくと、「現状維持タイプ」と「積極タイプ」に分かれます。どちらのタイプも土地を活用して収入を得ていますが、その目的が違います。

・現状維持タイプ／資産を「減らさない」ことが目的

・積極タイプ／資産を「増やす」ことが目的

「現状維持タイプ」の目的は、「資産（自分の土地）を守ること」です。

「土地は代々受け継ぐべきもの」と考えていて、「引き継いだ土地を、次の世代に引き渡す」ことに主眼を置いています。

「土地を活用して資産を増やす」というより、相続税対策や、固定資産税対策のために、アパマン賃貸経営や駐車場経営をしています（どうして賃貸経営をすると節税できるのか、そのしくみは104ページで詳述します）。

このタイプには、少数ですが、賃貸経営などはせずに、持っている土地を「切り売り」しているだけの人もいます。

私が知るあるお客様の一族は、かつて、**所有する土地が100カ所以上あり、総資産が**

「１００億円」を超えていました。代々、土地を切り売りして生計を立ててきましたが、それでも依然として、**「50億円以上」の資産が残っています。**

「地主はお金持ち」と思われていますが、土地を運用していない人（土地を持っているだけの人）の収入は、それほど高くありません。年間４００〜５００万円程度の地主もたくさんいます。

一方、「積極タイプ」の地主は、ビジネス感覚を持っています。

資産を守るだけでなく、「資産を増やす」ことにも前向きです。賃貸物件を所有するときも、稼働率、空室率などを考慮に入れながら、アクティブに経営をしています。

物件を所有するときも、計画的です。土地を持っているからといって、むやみにアパートを建てることはありません。その土地が人口減少地域にある場合、空室リスクが大きくなるからです。

「積極タイプ」の中には、所得税対策のために、**「不動産管理会社」を設立して「社長兼地主」になる人**もいます。

妻や子どもを役員や従業員にして不動産管理会社をつくり、その会社に管理料を支払う。すると、給与として所得を分散させることができます。所得税は累進課税（収入が高い人ほど税率が高まる方式）ですから、所得を分散させれば、税率は下がります（72ページで説明します）。

②投資系

「投資系」は、**不動産投資や株式投資などで、キャピタルゲイン（債券や株式、不動産など資産価値の上昇による利益）を得ています。**

いわゆる「サラリーマン大家」は、投資系に入ります。

「地主系」は、「自分の土地」に物件を建てますが、サラリーマン大家は、都心部や中核都市の賃貸専用物件を購入するケースがほとんどです。金融機関からの融資を利用し、キャッシュを生み出すビルや賃貸物件を購入しながら、利益を拡大していきます。

株式投資で大きな利益を得た人が、相続税対策として賃貸物件を持つケースもあります。

最近では、ネット証券の普及にともなって、多くの個人投資家がデイトレード（1日に何度も取引を行い、細かく利益を得ていく株式などの取引手法）をしています。
ですが、実態として、デイトレードを本業にしている投資家に私は会ったことがありません。株などのデイトレードだけで生計を立てるのは、とても難しいと思います。

③事業系

会社経営者（創業者、2代目、3代目社長）などに多く、**事業所得によってお金を得ています。**

オーナー企業の場合、自社株の大部分を保有しているのは、経営者です。会社の業績が堅調に伸びていると、株の評価額が押し上げられますから、自社株が数十倍に上昇することがあります。

私が見るかぎり、「事業系」は、「地主系」や「投資系」に比べると、個人資産をそれほど多く持っていない気がします。役員報酬を多く取って個人資産を厚くすることよりも、会社の内部留保を厚くすることを考えているからです。

また、中小企業では、社長が個人資産から会社に運転資金を貸し付けることはよくあります。会社に貸したお金は、資金繰りの都合からなかなか戻ってきません。

銀行から融資を受ける場合も、「社長の自宅」（社長の個人資産）が担保にされることがあります。

万一のことがあれば担保である社長の自宅は取られてしまいますし、担保となった自宅の売買は難しいため、一概には「社長＝お金持ち」とは言えません。

とはいえ、経営者は個人として受け取る収入以外に、さまざまな経費を使うことができるので、仮に役員報酬が少なくても、極端に生活が苦しくなることはありません。

④キャッシュリッチ系

キャッシュリッチとは、**現金や預金など、流動性の高い金融資産を多く保有すること**です。

資産のほとんどが現預金か有価証券で、総資産は自宅を含めて「1億円～2億円」くらいの人が多い気がします。

上場企業の経営幹部（サラリーマン社長、副社長、専務、常務、取締役などの役員）は、高額の役員報酬を得ています。

人事労務分野の情報機関である「産労総合研究所」の調査によると（2015年）、役員の年間報酬額は、会長3693万円、社長3476万円、専務2433万円。さらに、**「ストック・オプション」**（あらかじめ決められた有利な価格で自社株を買う権利）や退職金などもありますから、経営幹部は「キャッシュリッチ系」に含まれるでしょう。

「地主系」でも、事業として不動産投資を行っている人は、「キャッシュリッチ」です。金融機関からの融資を利用し、賃貸物件を所有し、資産を増やしています。

反対に、何代も資産を受け継いできた地主系は、**「資産リッチ」**と言えます。「資産リッチ」だからといって、「キャッシュリッチ」とはかぎりません。不動産等の膨大な資産があっても、それは評価額であって、お金を生む資産ではない場合があるからです。

お金持ちの収入源は、ひとつとは限らない

「地主系」の「積極タイプ」は、銀行から融資を受け、お金を回しながら資産を増やしているため、「投資系」に近い発想を持っています。

「地主系」でも不動産管理会社を設立すれば、「地主兼社長（事業系）」になりますし、反対に、会社が不動産部門を持つようになれば、「地主系」に移行することもできるでしょう。「キャッシュリッチ系」の中には、株の売買によって得たお金を元手に「中古のマンション」を購入し、サラリーマン大家（投資系）になる人もいます。

お金持ちは、「①地主系」「②投資系」「③事業系」「④キャッシュリッチ系」に大別できますが、収入源は、必ずしも「ひとつ」ではありません。複数の顔を併せ持つことがあるのです。

お金持ち４つのカテゴリー

第2章

「お金持ち」が
いちばん嫌いなもの

「お金持ち」に共通しているのは、「税金が嫌い」なこと

日本の税金は、「高い」のか？　それとも「安い」のか？

お金持ちの収入源は、タイプごと（地主系／投資系／事業系／キャッシュリッチ系）に異なりますが、稼ぎ方は違っても、支出に関しては共通の認識を持っています。

それは、**「税金が嫌い」**なことです。

お金持ちの多くが、「節税」（とくに、所得税、相続税、贈与税の節税）に関心を持っています。

国税庁は、税金に対する啓蒙活動のひとつとして、中学生を対象にした『ハロー・タックス』というパンフレットをリリースしています。

このパンフレット（平成28年度版）には、

「日本の税金は高いのか、安いのか」

を考える指標として、国民負担率の国際比較が掲載されています。

国民所得に占める租税（国税と地方税を合わせた金額）の割合を「租税負担率」といい、これに、社会保険料などの社会保障の負担分を合わせた割合が、「国民負担率」です。

この数字が高いほど、その国の国民が多額の税や保険料を支払っていることになります。

日本の国民負担率は「43・9％」です。

アメリカ「32・5％」、韓国「36・7％」、フランス「67・6％」、スウェーデン「55・7％」、ドイツ「52・6％」、イギリス「46・5％」。

この比較を受けて、『ハロー・タックス』では、「ヨーロッパの多くの国に比べて、日本は低い水準にとどまっている」と述べています。

しかし、他国よりも負担率が低いからといって、「日本は税金や社会保険料などが安い」と考えるのは、短絡的かもしれません。

ヨーロッパでは、福祉制度や教育制度が充実した国が多く、その負担分が税金として徴収されることが多いからです。負担率が高くても、同時に「還元率」も高く、国民へ還元されるサービス内容が充実しています。また、「税金は、将来、福祉や教育となって返ってくるもの」と捉えているため、高い税金を払っても、「痛税感」（税を払うことによる痛み）が低いのだと思います。

日本は、たしかに、先進国の中でも租税負担率が低いと思います。**けれど、還元率も低い。**したがって、多くの人が「痛税感」を覚えているわけです。

✔ お金持ちがとくに嫌いなのは、「所得税」「相続税」「贈与税」

「税金」とひと口に言っても、さまざまな種類の税金があります。

・所得課税／個人や会社の利益（所得）を対象として課される税金
例：所得税、法人税など。
・消費課税／物品の消費やサービスの提供などを対象として課される税金
例：消費税、酒税、たばこ税など。
・資産課税等／資産（土地や建物など）を対象として課される税金
例：相続税、贈与税、固定資産税など。

約50種類ある税金の中で、**お金持ちの関心がとくに高いのが、「所得税」「相続税」「贈与税」**の「3つ」です。

この3つの税金は、2015年から税率が変わり、実質的な「増税」になっているため、節税への意識が高まっています。

・所得税
個人の1年間の「所得」にかかる税金です。

所得税は、「所得」が多くなるにしたがい、段階的に税率が高くなる「累進課税制度」を適用しています。
2015年からは、最高税率が40%から「45%」に引き上げられることになりました。

●相続税

亡くなった人から財産を相続したときにかかる税金です。

相続税の税率は、財産額に応じて変わります。2015年から増税され、最高税率は「55%」です。

また、基礎控除額が引き下げられています。2014年までは、相続税の基礎控除額は、「5000万円＋（1000万円×法定相続人の数）」でしたが、2015年からは、**「3000万円＋（600万円×法定相続人の数）」**に変更になり、改正前より**40%縮小**しています。仮に、「相続財産が1億円」で、法定相続人が3人の場合、

◎改正前　5000万円＋（1000万円×3人）＝8000万円（基礎控除額）
1億円－8000万円＝2000万円（課税遺産総額）

◎改正後　3000万円＋（600万円×3人）＝4800万円（基礎控除額）
　1億円－4800万円＝5200万円（課税遺産総額）
◎改正後と改正前の金額差
　5200万円－2000万円＝「3200万円」

税制改正後は、課税される金額が3200万円も増え、かなりの増税となっています。

2015年の改正により、首都圏では、相続税の課税対象者が**「ほぼ倍増する」**と言われています。

●贈与税

個人から財産をもらったときにかかる税金です。

贈与税の税率は、贈与額に応じて変わります。最高税率は、これまでの50％から「55％」に引き上げられました。

会社など、法人から財産をもらったときは、贈与税はかかりません（所得税がかかります）。

また、親子間や祖父母・孫間、配偶者間などで行う生活費や結婚資金、教育費などの資金援助は、妥当と思われる金額の範囲内ならば、贈与税はかかりません。

贈与税は、相続税を補完する税制です。贈与税がないと、相続税を逃れるために、生きているうちに贈与をする人が増えてしまいます。そこで、相続税が課される財産を贈与した場合は、納税義務が生じます。

所得税・相続税・贈与税の税率

所得税

課税される所得金額	税率	控除額
195万円以下	5%	0円
195万円を超え 330万円以下	10%	9万7,500円
330万円を超え 695万円以下	20%	42万7,500円
695万円を超え 900万円以下	23%	63万6,000円
900万円を超え 1,800万円以下	33%	153万6,000円
1,800万円を超え 4,000万円以下	40%	279万6,000円
4,000万円超	45%	479万6,000円

※平成25年から平成49年までの各年分の確定申告においては、所得税と復興特別所得税（原則としてその年分の基準所得税額の2.1%）を併せて申告・納付。

相続税

法定相続分に応ずる取得金額	税率	控除額
1,000万円以下	10%	－－－
3,000万円以下	15%	50万円
5,000万円以下	20%	200万円
１億円以下	30%	700万円
２億円以下	40%	1,700万円
３億円以下	45%	2,700万円
６億円以下	50%	4,200万円
６億円超	55%	7,200万円

贈与税

基礎控除後の課税価格	税率	控除額	特例税率※	控除額
200万円以下	10%	－－－	10%	－－－
300万円以下	15%	10万円	15%	10万円
400万円以下	20%	25万円		
600万円以下	30%	65万円	20%	30万円
1,000万円以下	40%	125万円	30%	90万円
1,500万円以下	45%	175万円	40%	190万円
3,000万円以下	50%	250万円	45%	265万円
4,500万円以下	55%	400万円	50%	415万円
4,500万円超			55%	640万円

※父母・祖父母からの贈与により財産を取得した受贈者（贈与年の１月１日において20歳以上の者）について適用。

相続税の目的は、「お金持ち」に富が集中するのを防ぐこと

そもそも相続税は、戦争費用を調達するための制度だった?

２０１５年に改正された「相続税の増税」によって、相続税対策は、多くのお金持ちの関心事となっています。

相続税は、所得税や法人税よりもなじみがない上に、特例を利用できる要件も複雑です。税改正によって、相続税負担者の割合が増えていますから、今までは「相続税なんて他人事」と思っていた人も、相続税について考える時期にきていると言えます。

相続税は、日露戦争の戦費調達のため、1905年（明治38年）に導入された税制です。当時の大蔵省は、酒税や所得税、地租、固定資産税の増税に踏み切りましたが、それでも戦費を補えず、「臨時な措置」として導入したのが相続税です。ところが、日露戦争後、ロシアから賠償金が支払われずに財政がひっ迫した政府は、相続税を存続させ、現在まで、110年以上続いています。

相続税の転換期は、第2次世界大戦後です。GHQ（連合国軍総司令部）によって出された「シャウプ勧告」（日本の税制改正に関する勧告）により、相続税のあり方が見直されました。財閥など一部の富裕層に富が集中するのを防ぐため、1950年には、最高税率は「90％」に引き上げられています。

その後も最高税率の改定が行われ、2015年1月の改正以降は、「55％」です（参考：日本経済新聞／世界の相続税事情は？「増税ニッポン」と比較）。

相続税を徴収する「2つ」の理由

相続税の課税根拠は、おもに、次の「2つ」です。

①富の再分配
②所得税の補完

①富の再分配

「富の再分配」とは、特定の人に富が集中するのを防ぐことです。大企業や富裕層から多くの税金を徴収し、そのお金（富）を社会保障や福祉などを通して、経済的弱者にもたらします。

日本の税制は、「応能負担《おうのうふたん》」と言って、自分の能力に応じてお金を負担するしくみです。所得が高ければ高い税金を支払い、逆に、所得が低ければ低い税金を支払います。

仮に相続税がなければ、お金持ちは、いつまでたってもお金持ちのままです。多額の資産を元手にして新たな資産を増やし、さらに裕福になっていきます。

反対に、お金がない人は、自らの努力で成功を収める以外、大きな富を得ることが難しくなります。つまり、相続税を徴収しないと、「生まれた環境によって、貧富の差が固定化される」ことになりかねないわけです。

相続によって得る財産は、不労所得であり、「なんら労することなく得られる財産」です。

相続税２つの目的とは

目的① 富の再分配

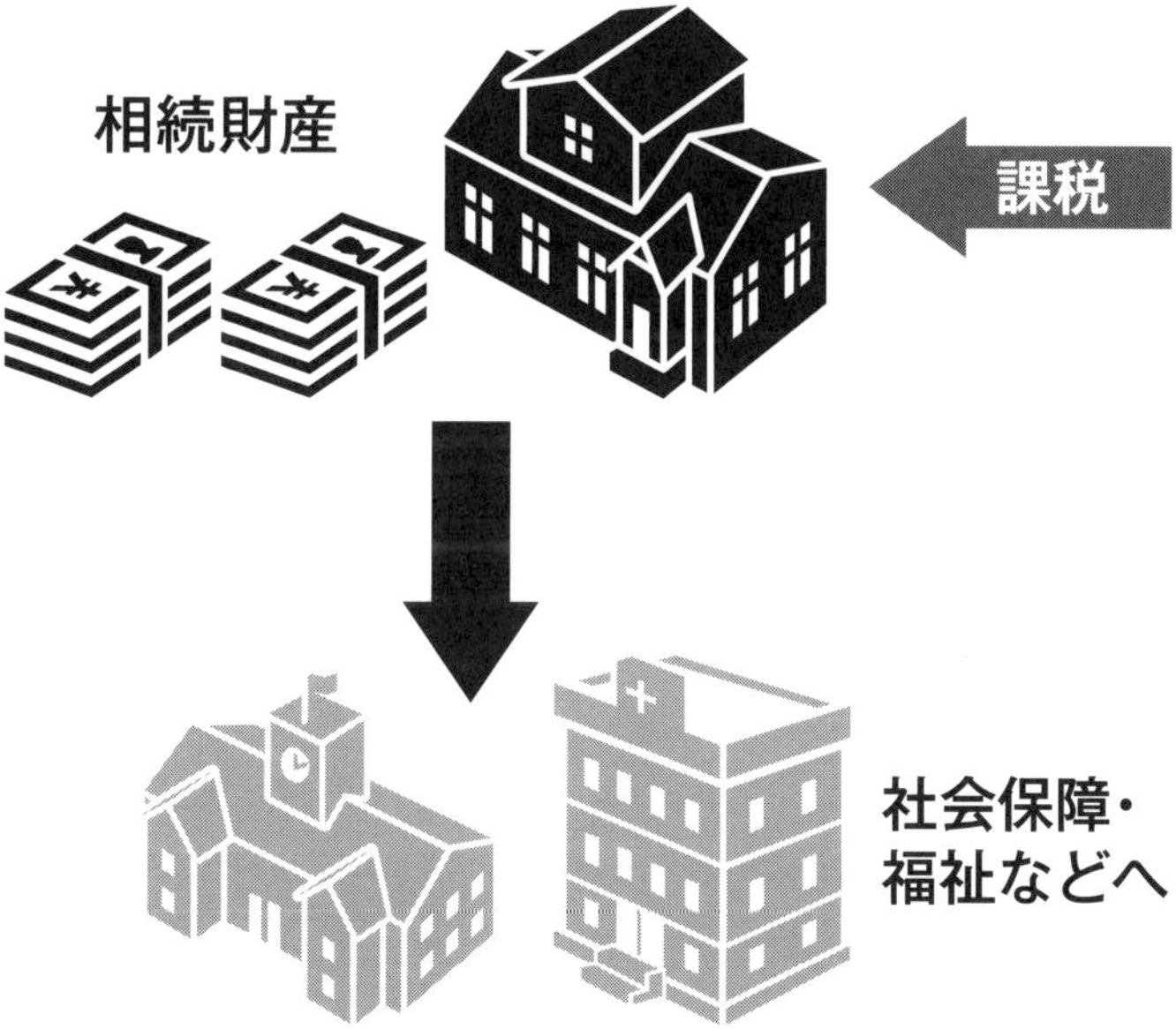

目的② 所得税の補完

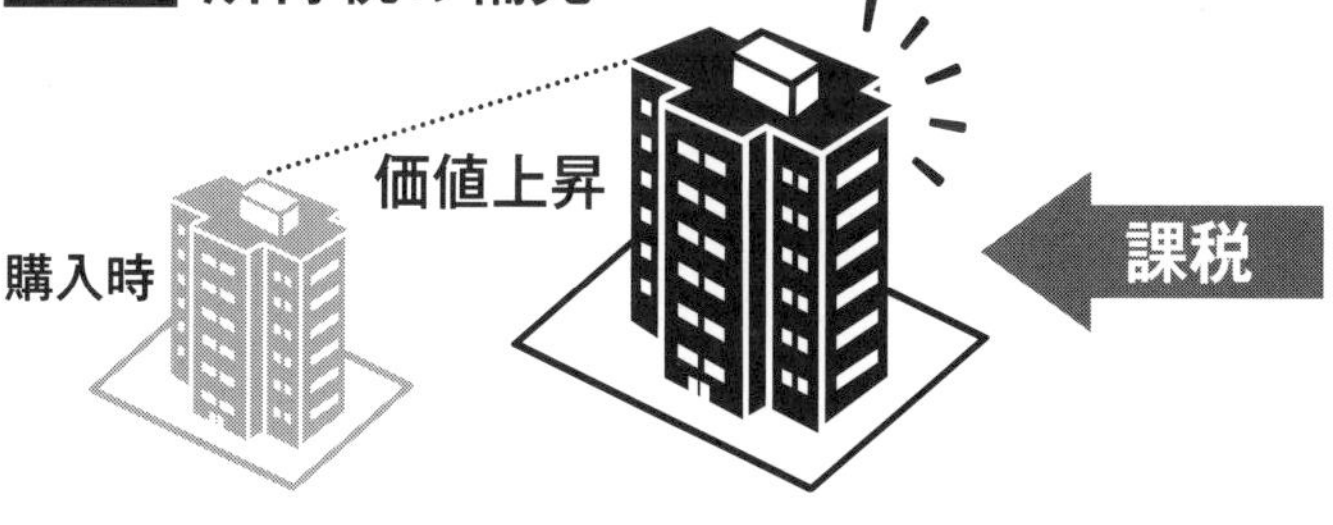

なにもせずに多額の財産を得てしまうと、資産格差が広がってしまいます。

そうならないように、お金持ちからは、代が変わるたびに「相続税」として資産の一部を吸い上げ、富の分散を図る。そして、財産の一部を社会に還元するのが、相続税の目的です。

では、相続税によって富の不平等は解消されたのでしょうか。答えは、ノーです。相続税を徴収したからといって、依然として格差は残っています。海外に資産を逃して税金を免れる人などもいて、「富の再分配」は機能していない側面があります。

②所得税の補完

個人の所得には、生前に所得税が課税されています。

ですが、何らかの理由で所得税の課税が行われなかった場合、その部分について、相続時に相続税を課税して、清算します。

たとえば、所有している土地が値上がりし、価格上昇分の所得を得たとします。ただし、この土地を売買しなければ、国は税金を取ることはできません。そこで、土地の所有者が亡くなったときに、税金を取ろうという考え方です。

「相続税」と「贈与税」の違い

「相続税」は、亡くなった人から財産を引き継いだとき、財産を取得した人が支払う税金です。一方、「贈与税」は、贈与する人が生きている間に、財産を取得した人が支払う税金です。

生きているうちに（生前に）財産を譲る（贈与する）ことを「生前贈与」と言います。生前贈与をすると、財産を生前に渡して減らしておくことで、相続税を減らすことができます。生前贈与をすると、贈与税がかかりますが、上手に利用すれば、相続税として払うよりも、税金を減らすことができます。

たとえば、住宅取得資金として贈与を受けた場合、省エネもしくは耐震住宅で１２００万円、一般住宅で７００万円が非課税の対象になるので、相続を待たずに住宅を持つことができるようになります（住宅用家屋の取得等にかかる契約の締結期間が２０１６年１月～２０１７年９月の場合）。

このように、相続まで待たずに、早いうちに次の世代への資産を贈与しておけば、若い世代がお金を使えるようになりますから、景気の活性化にもつながります。

相続税の増税にはそのような意図もあるようです。

海外に資産を移すのは、合法？ それとも違法？

タックス・ヘイブンを利用して、日本の税制から逃れる人たち

お金持ちの中には、日本の税率の高さを嫌い、税率の低い「海外」に資産を移している人たちがいます。

タックス・ヘイブン（租税回避地）を利用して、企業や個人が税金の節税を行っていたことを裏付ける「パナマ文書」（パナマにある法律事務所、モサック・フォンセカから流出した、1150万点を超える文書類）が流出し、大きな話題になりました。

タックス・ヘイブンとは、無税または税率を低く設定してある国・地域のことです（別名「オフショア金融センター」、もしくは「オフショア」とも呼ばれます)。税金面での優遇策を取ることによって、外国資本や外貨を集めるのが狙いです。

パナマ、モナコ、英領バージン諸島やケイマン諸島などが、代表的なタックス・ヘイブンに当たります。

ちなみに、「ヘイブン(haven)」は「避難所」という意味であり、「タックス・ヘブン(tax heaven/税金天国)ではありません。

ケイマン諸島などは非課税なので、オフショアバンク(外国の資産を預かる銀行)に口座を開いて資産運用をした場合、運用益にかかる税金は、免除、あるいは軽減されます。

また、海外に法人(子会社)をつくり、利益を子会社に移せば、節税できます(タックス・ヘイブンに本社を設置して、日本に支店をつくった場合、日本国内で発生した所得については日本での課税対象となります)。

相続税・贈与税対策としての海外移住

最近では、相続税・贈与税の対策として、「海外移住」をするお金持ちもいます。

相続人（財産を譲られる側）と被相続人（財産を譲る側）の両方が海外に移住をして、「5年経過」した場合、海外にある資産には日本の相続税も贈与税もかかりません（国内にある財産には税金がかかります）。

たとえば、日本国内に持つ資産を、シンガポールなど、贈与税や相続税がかからない国に移します。そして、「親子」で居住する。5年を過ぎた段階で親から子へ贈与をすれば、無税で財産の移転ができるわけです。

２０１１年2月に最高裁の判決が出た「武富士事件」は、贈与税回避のスキームの是非が問われた事件です。

この事件は、武富士前会長夫妻（国内に居住）が、香港に居住していた長男に国外財産を贈与したことに対して、贈与税が課税されるか否かを争った事件です。

東京国税局は、この贈与に関して申告漏れを指摘し、約１３００億円の追徴税額を課すことにしました。「香港の住所は税務上の住所ではなく、生活のすべてを移転したとは言えない。税務上の住所は国内にある」と考えたからです。

ところが最高裁は、「住所を国内として課税することには、無理がある」と判断し、国の敗訴が決まったのです。

この武富士事件を契機に、海外財産の相続や贈与での課税強化が行われるようになりました。たとえば、2015年7月1日以降に国外に転出する一定の日本居住者が1億円以上の有価証券等を有している場合には、国外転出時に、その有価証券等を譲渡したものとみなして所得税が課税されるようになっています。

タックス・ヘイブンは合法であるけれど、「グレー」なしくみ

タックス・ヘイブンを利用すること自体は、違法ではありません。ですが、「グレーな行為」と考えられています。自社と無関係を装ったペーパーカンパニー（実態のない会社）を設立し、租税回避に利用しているからです。

タックス・ヘイブンに資産が移ってしまうと、国の税収が減ってしまいます。そこで日本では、不正な租税回避を防止するために、**「タックス・ヘイブン対策税制」**が定められています。

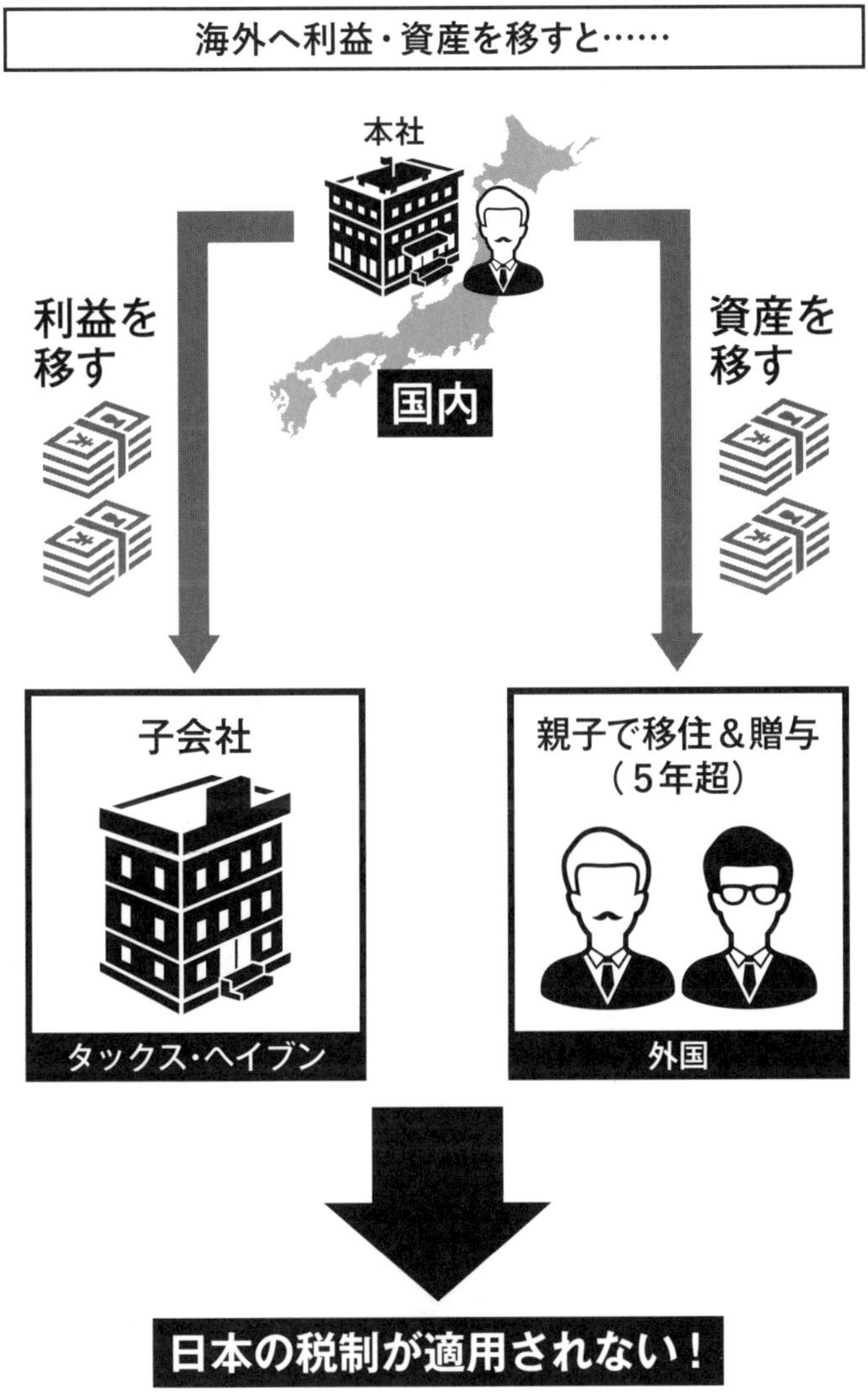
海外へ利益・資産を移すと……
本社
利益を移す
資産を移す
国内
子会社
タックス・ヘイブン
親子で移住＆贈与（５年超）
外国
日本の税制が適用されない！

タックス・ヘイブンに子会社を所有していても、実質的に日本の居住者・法人によるものだった場合、子会社の所得も親会社の所得とみなして課税しています。

ただし、この税制には、税制適用の条件が決められているため、適用対象から外れている場合は、当てはまりません。**つまり「抜け道」がある**わけです。

タックス・ヘイブンが合法であっても、経済的な合理性がなかったり、不当な税負担の軽減を狙った場合は、日本の税制が適用されることがあります。

タックス・ヘイブンを利用して節税するには、いくつものハードルがあるため、実際には難しいと思います。

タックス・ヘイブンを合法的に、そして確実に利用したいなら、タックス・ヘイブンの国や地域に、転居することです。居住地が変われば、日本の税制は適用されません。

お金持ちは、どうして「タワーマンション」が好きなのか？

「タワーマンション節税」のしくみ

お金持ちの中には、相続税対策のために「タワーマンション」を購入する人がいます。どうしてタワーマンションを購入すると、節税（**タワーマンション節税**）ができるのでしょうか。

相続税が発生する場合、被相続人（財産を譲る側）の財産の価格は、財産評価基本通達（国税庁が定めている評価基準）によって決められます。この金額を「相続税評価額（以下、評価額）」と呼びます。

この評価額が高いほど相続税の税額が高くなり、評価額が低くなるほど、税額は低くなります。

つまり、相続税額を低くしたいなら、「あらかじめ、持っている財産の評価額を低くしておく」必要があります。評価額を低くするためのひとつの方法が、「タワーマンション」の購入です。


現金で相続すれば、「金額＝相続税評価額」になります。

ですが、マンション（土地や建物）の場合は、一般的に、評価額は時価（実際の売買価格）よりも低く算出されます。

２０１１年から２０１３年に売買された３４３物件を国税庁が試算したところ、評価額は平均で、「時価の３割ほど」でした。

仮に「１億円」を相続する場合、現金なら「１億円」に相続税がかかりますが、マンションを購入しておけば、評価額は「３０００万円」となり、７０００万円の評価減になります。

「タワーマンション節税」は、時価と評価額の乖離《かいり》（購入額と評価額の開き）に着目し、高額物件を安く申告する方法です。

現金を相続するよりも、タワーマンションの部屋を相続したほうが、相続税をはるかに少なくできるわけです。

マンションの評価額は、土地と建物、別々に計算されます。総戸数が多いマンションほど、各戸の土地の持ち分は小さくなるので、土地の評価額は小さくなります。

建物は、同じ専有面積であれば、低層階でも高層階でも評価額は同じですが、市場価格は高層階ほど高額なので、**「タワーマンションの高層階」ほど、節税効果があります。**

タワーマンション節税に対して、課税強化の動き

タワーマンションの購入は、**「時価は高く、評価額は低い物件」を所有することによって、相続税額を低くする**メリットがあります。

ですが、この方法が通用しないケースがあります。

タワーマンション節税は、マンションの市場価格が「変わらない」ことが前提です。

マンションの価値が下落すれば、マンションを売っても、損をすることもあります。**「相続税は下がっても、財産はそれ以上に減ってしまう」**ことになりかねません。

また、この節税スキームを利用した「行きすぎた節税」が多発し、国税庁がチェックを強めています。相続直前にタワーマンションを購入し、直後に売却すると、課税強化の対象になる可能性が高くなります。

親から相続したタワーマンションをめぐって、ある親族が東京国税局に追徴課税されたケースがあります。

病気で入院していた父親が亡くなる1カ月前に、親族が代理人となって、約3億円でマンションを購入しました。

父親の死後、マンションを相続した親族は、マンションの評価額を「6000万円」と計算して相続税を申告。相続の4カ月後にはマンションを売却し、購入額（約3億円）とほぼ同額で売却したのです。

タワーマンションで節税する方法

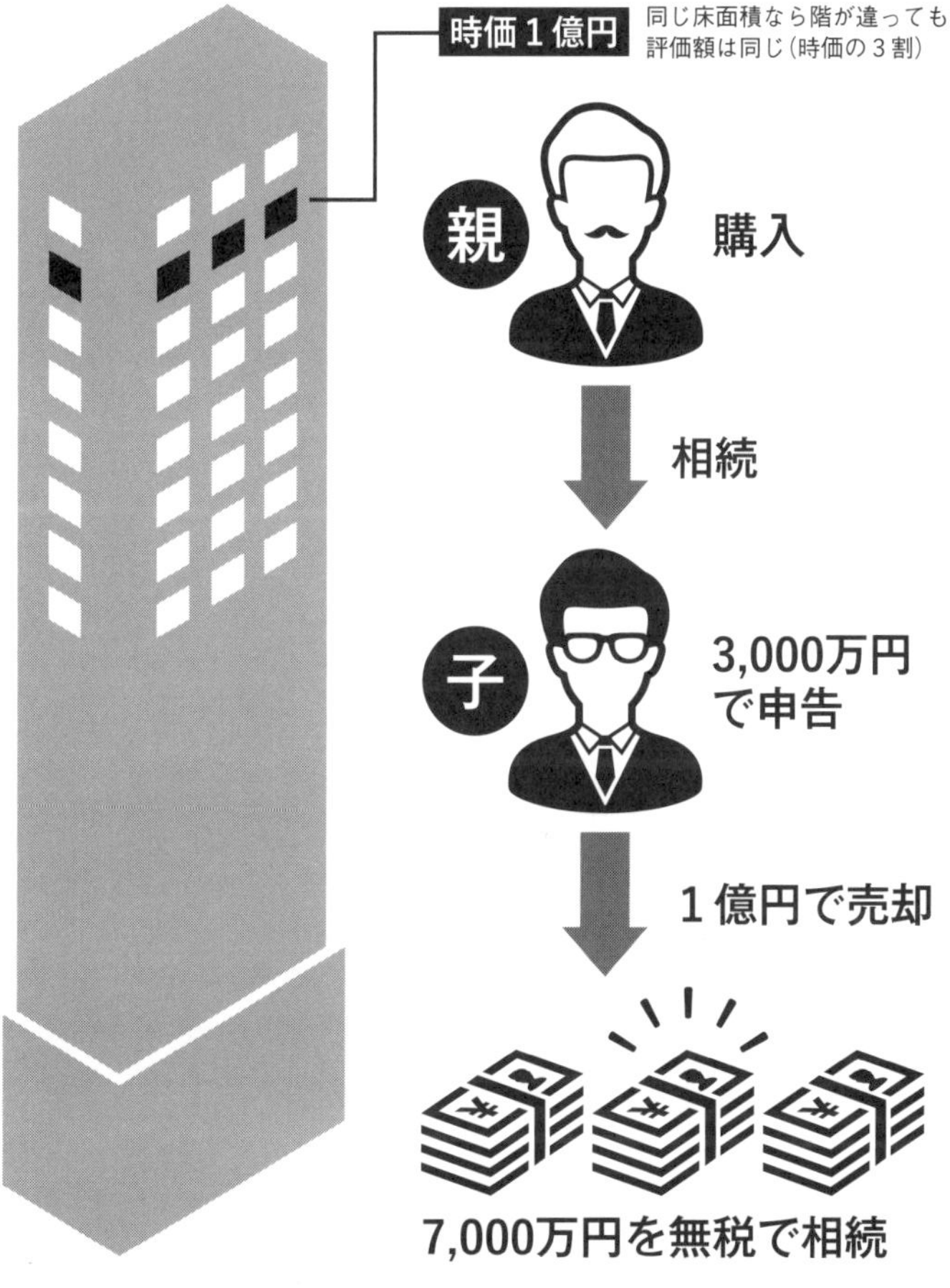

タワーマンションの時価が変わらないことが前提

この親族が行った節税は、結果的に、失敗に終わっています。「判断能力のない父親の名義を無断で使って契約した」「相続前後の短期間だけ所有したマンションを通達で評価するのは不公平」と認められ、親族は追徴課税を支払うことになったのです（参照：『朝日新聞デジタル』２０１６年2月12日）。

今後、タワーマンション節税に対して、課税強化の動きが本格化することが考えられます。ですから、相続税の節税だけを目的としたタワーマンションの購入は、必ずしも得策だとは言い切れません。

第3章

「お金持ち」はどうやって資産を残しているのか

お金持ちが会社をつくる「6つ」の訳

年間の所得が1000万円を上回るなら、法人のほうが有利な可能性も

資産が大きくなれば、それだけ税金も莫大な金額にのぼりますから、資産を減らさないための「節税」は欠かせません。

では、お金持ちは、どのような方法で資産を残しているのでしょうか。代表的な節税対策は、大きく、次の「2つ」です。

【節税対策2つの方法】

①法人設立
②相続・贈与対策

それぞれ、具体的に見ていきましょう。はじめに「法人設立」です。

①法人設立

法人を立ち上げて資産を「会社」と「個人」に分散すると、節税を図ることができます。たとえば、個人で不動産経営をしていた人が**「不動産管理会社」**をつくった場合、以下の節税メリットが期待できます。

（1）「法人税」は累進課税ではない（70ページ）
……「法人税」と「所得税」のダブルの節税効果が得られる。
（2）「給与所得控除」が受けられる（71ページ）
……会社員でも、自営業の「必要経費」に該当する控除が認められる。
（3）家族へ給与を支払うことができる（72ページ）

……学生の子どもを役員にすることさえできる。
（4）退職金を支給できる（74ページ）
……長年の勤労の功労として税金が優遇される。
（5）経費の幅が増える（76ページ）
……「高級外車」などを経費にすることができる。
（6）会社の所有財産には相続税がかからない（80ページ）
……家族を株主にしておく。

（1）「法人税」は累進課税ではない

個人の所得税は、「累進課税」（所得が多くなるほど、税率が高くなる）なので、利益が出るほど、税率が高くなってしまいます。

個人だと、課税される所得の金額が、「195万円以下」の場合は、税率「5％」と低いのですが、「4000万円超」の場合は、「45％」です。

一方、法人税の税率は、累進課税ではありません。

【法人税の税率】

・資本金１億円超の法人の場合／一律「23・４％」

・資本金１億円以下の法人の場合／年間８００万円超の所得部分については一律「23・４％」

年間８００万円以下の所得部分については一律「15％」

目安として、年間の所得が１０００万円を上回るのであれば、法人を設立したほうが有利になる可能性があります。

（２）「給与所得控除」はダブルのメリットがある

個人事業主の所得は事業所得ですが、会社員の所得は、「給与所得」です。

会社を設立すると、個人事業主から「会社の代表取締役（取締役）」に就任し、会社から役員報酬（給与）を受け取ることになります。

給与所得には、所得税がかかりますが、所得税の計算をするときに、「給与所得控除」という名目で、給与収入から一定額を控除することができます。

給与所得控除は、「給与所得者に認められた必要経費」とも言われています。個人事業主の場合は、売上から仕入原価や販売経費などの必要経費を差し引くことができます。会社員の場合は、この必要経費の代わりに、給与所得控除が認められているわけです。実際にその金額を支出していなくても、控除することができます。

たとえば、自分の給与を「700万円」に決めると、年間で190万円の給与所得控除が認められるので、課税の対象になる額は、「510万円」です。

また、役員報酬は会社の経費になり、会社の利益を圧縮でき、個人では給与所得控除が受けられるため、ダブルのメリットがあります。

(3) 家族へ給与を支払うことができる

家族を雇い入れて給与を支払えば、所得を分散することができます。

所得税は、個人単位で税率が適用されます。**同じ金額の所得を自分ひとりで受け取るよりも、複数で受け取るほうが、税の負担が軽くなります。** たとえば、会社から役員報酬を1000万円受け取っているのなら、配偶者（家族）を雇用して、「自分：700万円、配偶者：300万円」に分割したほうが税額（所得税や住民税）を低くできます。

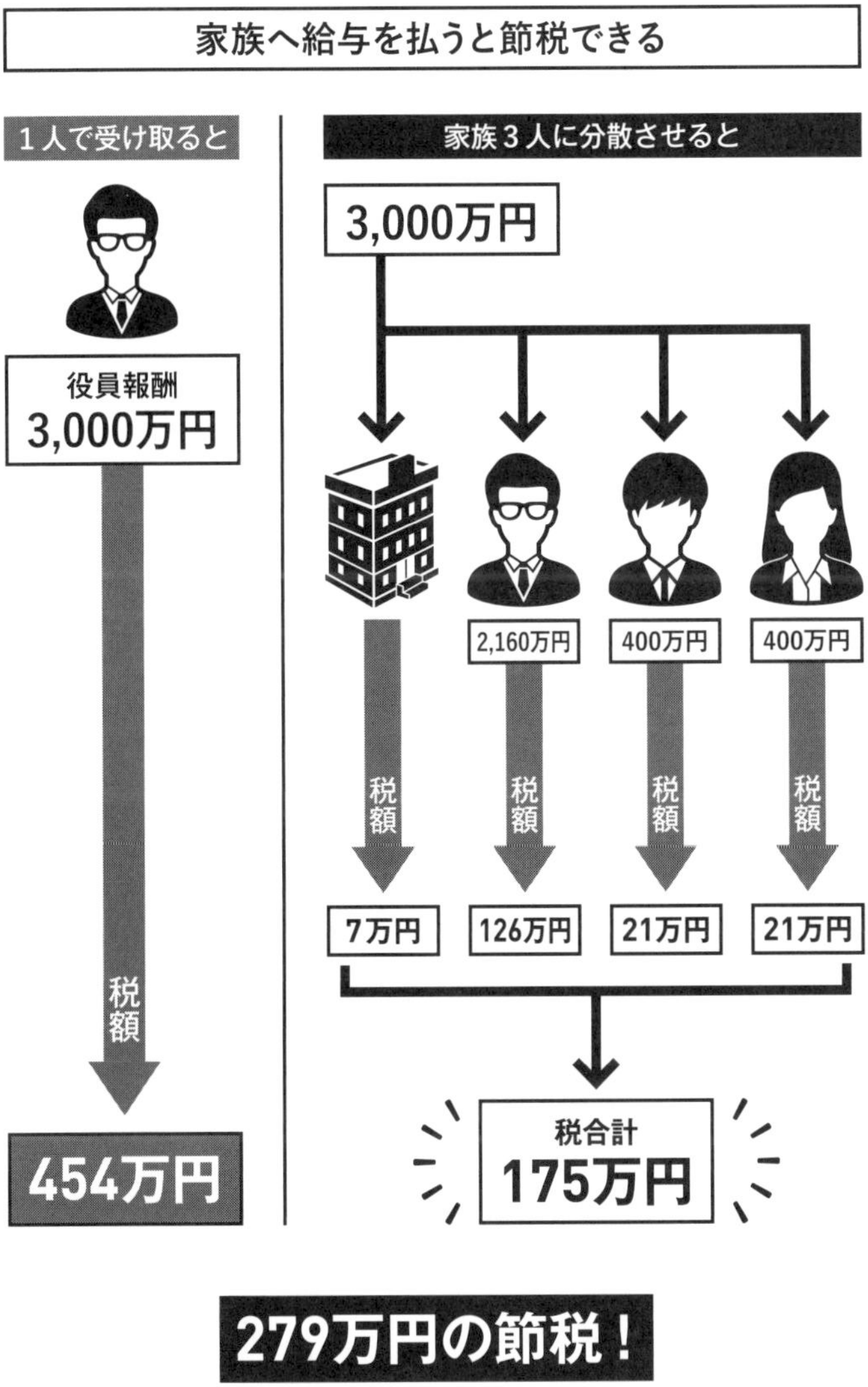

※実際は控除その他の関係で、多少税額が異なります。

自分の子どもがまだ「学生」でも、役員に就任することは可能なので、役員報酬を支払うことはできます。ただし、「金額が妥当であること」と、「会社の経営を決定できるだけの知識を持っている」必要があります。

（4）退職金を支給できる

退職金は、長年の勤労に対する報償的給与として支払われるものなので、「退職所得控除」を設けるなど、税負担が軽くなるように配慮されています。

【退職所得控除】

- **勤続年数が20年以下／40万円×勤続年数（退職所得控除額の最低額は80万円）**
- **勤続年数が20年超／800万円＋70万円×（勤続年数－20年）**

収入金額から勤続年数に応じた退職所得控除額を差し引き、残りの金額の2分の1だけが課税対象になります。

退職金・死亡退職金の節税メリット

退職金

勤続30年
退職金2,000万円

退職所得控除 1,500万円

2,000万円－（800万円＋70万円×（30年－20年））

＝500万円×1/2

＝ **250万円** ← 課税対象

死亡退職金

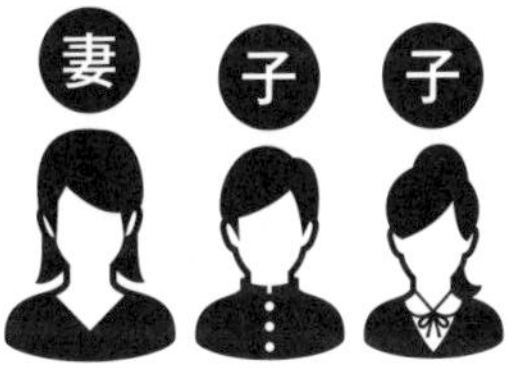

死亡退職金
1,500万円

非課税 1,500万円

1,500万円－（500万円×法定相続人３人）

＝ **0円** ← 課税ゼロ

たとえば、「勤続30年」で「2000万円」の退職金を受け取った場合は、2000万円から退職所得控除額の1500万円を差し引き、さらに残りの500万円を2分の1にした「250万円」が課税対象です。

退職金を受け取る前に「死亡」した場合、亡くなった人の代わりに、遺族が「死亡退職金」を受け取ります。

「死亡退職金」は相続税の課税対象です。死亡退職金の金額が、**「500万円×法定相続人の数の範囲内」**に収まっている場合には、遺族は非課税で退職金を受け取ることができます。

(5) 経費の幅が増える

実態として、「業務に使用している」「収入を得るために必要な出費である」ことがあきらかであれば、経費の計上ができます。

【経費として認められるお金の一例】

・会社の経費で「高級車」を買う

たとえば、「高級車」を購入するのも節税のひとつです。1000万円以上するメルセデス・ベンツでも、「実際に、業務に使用している」「ベンツに乗る必然性がある」のなら、経費として認められます。

節税対策として高級車を購入する場合は、「新車」ではなく、「4年落ち以上の中古車」が狙い目です。

なぜなら、「4年落ち以上の中古車」であれば、1年間で全額を経費にできるからです。ですが、新車の場合は「6年」に分割して経費にしなければなりません。

ですから、1年目の経費だけを見ると、「中古車のほうが節税効果は高い」わけです。

会社名義ではなく、**社長個人がクルマを購入し、「会社で経費化する方法」もあります。**

会社が社長個人からクルマを「借りる」契約を結べばいい。そうすれば、ガソリン代、高速代、保険料、車検代などが「会社の経費」として認められます。

社長が「使用料」を受け取るときは、個人と法人間で「賃貸借契約」を作成します。

ただし、会社が社長に使用料を支払うと、社長の収入が増えることになり、確定申告が必要になります。会社の経費が増えて節税できても、社長個人の税金が増えてしまっては意味がありませんから、「使用料を高くしすぎない」などの配慮が必要です。

●中小企業を助ける「2つの共済」に加入できる

【小規模企業共済】

「小規模企業共済」は、「個人事業をやめたとき」「会社の役員を退職したとき」などの生活資金をあらかじめ積み立てておく共済制度です。払い込んだ掛金は、事業を廃業したときなどに、「退職金」として受け取ることができます。

払い込んだ掛金は、「全額」が所得控除の対象です。掛金は「月額1000円から7万円」の範囲で自由に設定でき、**最大で「年間84万円」の所得控除**が受けられます。

「小規模企業共済」は、個人事業主でも入ることができますが、「会社の役員」も加入することができるので、家族を役員にしておけば、家族の掛金も所得控除が受けられます。

【経営セーフティ共済（中小企業倒産防止共済制度）】

経営セーフティ共済は、取引先の倒産による「連鎖倒産」から中小企業を守る制度です。

売掛金債権等が回収困難となったときに、共済金の貸付けが受けられます。**掛金月額の上限額は「20万円」**です。税法上、納付した掛金は、損金に算入することができます。

●「企業版ふるさと納税」が使える

「ふるさと納税」は、地方自治体に寄附をすると税金の控除が受けられる制度です。企業が地方自治体に寄附した場合、「特定寄附金」という扱いとなります。**特定寄附金は、全額損金に算入**できるので、税金対策としては効率的です（最低寄附金額は10万円）。

全額を損金にすることで、「約3割」の税金が戻ってきます。

そのうえ、寄附金額の2割が法人住民税・法人税の税額控除になり、寄附金額の1割が法人事業税税額控除になります。

●法人で「生命保険」に入ると経費にできる

個人の場合は、一般の生命保険に加入しても、保険料は必要経費に算入することはできません。確定申告をする際に、最大4万円の所得控除（生命保険料控除）があるだけです。ですが、会社の場合は、社長や家族従業員にかけた生命保険料を経費にする（損金にする）ことが可能です。**掛金の全額または半額が会社の損金**になります。

被保険者が亡くなった場合、保険会社から支払われる保険金は「会社」の所得となるので、残された親族は「死亡退職金」として受け取ります。

前述したとおり、死亡退職金は「500万円×法定相続人の数の範囲内」については非課税です。

（6）会社の所有財産には相続税がかからない

個人事業の場合、経営者が死亡すると、すべての財産が相続の対象になります。ですが法人の場合、会社の所有財産には相続税がかかりません。

財産をそのまま相続させれば相続税がかかります。けれど、会社の資産は株主のものです。自分の子どもをあらかじめ会社の株主にしておけば、相続税はかかりません（経営者が所有していた株式は相続税の課税対象になります）。

社長の土地を会社に貸すと、社長も会社もトクをする

土地は、会社と個人、どちらで購入したほうがトク？

社長個人が所有している不動産（賃貸物件、土地など）を「会社に賃貸する」ことで、節税が期待できます。

あらたに事業用の建物や土地を購入する場合も、個人で購入して会社に貸し、会社が個人へ地代家賃を支払ったほうが、税金を抑えることができます。

会社で所有した場合、会社の経費となるのは、土地の税金、建物の減価償却費、借入金の利息、所有資産にかかる固定費などです。

一方、**社長が所有して「会社に貸す」ようにすれば、「会社が社長に支払う賃貸料」も経費として認められます。**

他人から物件を借りた場合、支払い先は「外部」になりますが、社長から賃借した物件については、支払い先は「社長」なので、外部にお金を出さずに、社長の収入を増やすことができます。

また、会社で土地を所有すると、固定比率や固定長期適合率が高くなり、資金繰りが悪化。銀行の財務格付けが低くなります。土地を会社で持っても、社長個人で持っても、個人会社で持っても、実態は何も変わらない。

社長が賃貸物件を持っているのなら、「社宅」として会社に貸すこともできます。そうすれば、空室や滞納賃料といった賃貸経営の不安要素をなくすことができるでしょう（当社では、私個人が所有する不動産やクルマを会社に貸し、賃貸契約を結んでいます）。

社長が所有する賃貸物件が空家になっている場合と、会社に貸し付けて「貸家」となっている場合には、「貸家」のほうが相続税の評価額が減額されるので、節税になります。

ただし、賃貸料が入れば、社長の所得は増えますから、社長個人の税負担は上がります。社長個人の税負担が極端に高くなってしまうようだと、節税効果がなくなってしまうことも考えられます。

そうならないために、個人の所得の税率が会社の税率を超えないように配慮する必要があります。

億単位の資産を「税金ゼロ」で引き継ぐ方法がある

収入は、たった150万円。けれど相続税は億単位

私の生家は、横浜の農家です。私の両親は、朝から晩まで農作業に励んでいて、私自身もよく畑に出ていました。

冬の寒い日に、農作物に霜が降りないかと心配しては、畑を走った経験があります。除夜の鐘を聞きながら、菜を束ねて年越しをしたこともありました。家族総出で一所懸命働いても、都市部の農家はそれほど儲からない。それが私の実感です。

農作物は市場の状況次第で、驚くほど安価になります。汗水たらして働いたのに、一家の年収が、わずか「150万円」という、泣くに泣けない思いをしたこともありました。

収入は少なくても、農家には「不動産（土地）」という財産があります。「土地があるから安泰だ」。私も子どものころは、そう思っていました。

ですが、土地には税金がかかります。とくに「相続」となれば、高額な税金を取られる。「収入は少なくても、億単位の相続税がかかる」という現実を思い知ったのです。私が税理士にならず農業を続けていたら、今なお、税金や相続の問題を抱えていたでしょう。

では、相続税で困らないためには、どのような対策を講じればいいのでしょうか？

「相続税対策」と呼ばれるものには、おもに、次の「6つ」があります。


【相続税対策】

- **①生前贈与**（86ページ）
- **②養子縁組**（100ページ）
- **③土地の活用**（104ページ）
- **④生命保険**（118ページ）
- **⑤寄付**（122ページ）

⑥遺言（125ページ）

①生前贈与

「生前贈与」とは、自分が亡くなる前（生前）に、財産を与えること（贈与）です。

生前贈与は、被相続人（財産を渡す側）の死亡後に財産を譲り受ける「通常相続」とは区別されています。

「贈与」とは、贈与する側とされる側の間で、

「あげます」

「もらいます」

という合意が成立していることが前提です。

「通帳の名義は子どもだが、実際には親が保管している」「孫に贈与したことにして、実際の現金は祖父の金庫にしまわれている」といった場合は、「贈与」には該当しません。

✔ 中学生で億万長者になった姉妹

贈与は本来、譲る相手が「受け取る意思」を示して成立するものです。ですが、孫が未成年者の場合、孫の法定代理人である親（父と母）が印鑑や通帳を管理すれば問題ありません。親が子どもに代わって贈与を受ける意思表示をすれば、贈与は成立します。

Bさんは、生前贈与を行い、2人の孫に財産を与えました。2人は、中学生の女の子です。

では、彼女たちは、いくらずつ譲り受けたのでしょうか？

「ひとり3億円ずつ」

です。

孫2人は、まだ中学生なのに、すでに億万長者になりました。ですが、親の意向もあって、本人たちには秘密です。彼女たちは、「自分が億万長者であること」をまだ知りません。

贈与税と相続税、税率が高いのはどっち？

生前贈与をして財産が移動をすると、それにともなって、受け取った側に「贈与税」がかかります。

贈与税は相続税よりも税額が高いため、全財産を一度に生前贈与をしてしまうと、相続税よりも高い贈与税を支払わなければいけなくなります。

そのため、贈与税が非課税となる制度や、贈与の税率が軽減される制度を利用するのが一般的です。

【相続と贈与の違い】

◎相続

- 自分で相続税を払う時期を決められない。
- 相続が発生した時点（その人が亡くなった時点）で所有する全財産に対して課税される（現預金の税金を先に払い、土地の税金は後回しにする、といったことができない）。

- 基本的には、法定相続人にしか財産を引き継ぐことができない（配偶者と子ども、配偶者と親、配偶者と兄弟姉妹にしか財産を残せない。遺言書があれば別）。

◎贈与

- したいときに、いつでも、何度でもできる。
- 自分の意思と関係なく税金が発生することはない。
- 全財産を一度に贈与する必要がない。
- 贈与税がかかるのは、贈与した財産に対してだけ。
- 「どんな財産を、いくら贈与したいのか」を自分で決められる。
- 法定相続人に限らず、何人に贈与してもよい。

20年間で「2億円」を無税で贈与する方法がある

贈与税には、「年間110万円」の基礎控除があり、この範囲で贈与する分には税金がかかりません。この贈与税のメリットを活かすと、**億単位の財産を「税金ゼロ」で移すこと**

ができます。

たとえば、子ども3人、孫7人（合計10人）に、それぞれ「1年間で100万円ずつ」贈与するとします。基礎控除額の「110万円」以下なので、「100万円」であれば、贈与税はかかりません。つまり、税金を払うことなく「1年間で1000万円」を贈与することができます。

これを10年間続けていけば、「10年で1億円」、20年間続けていけば、「20年で2億円」の財産を「税金ゼロ」で贈与することができる計算です。

ただし、「毎年、同じ相手に、同じ金額を、定期的に贈与している」と、「連年贈与」（贈与を毎年繰り返し行うこと）とみなされて税率が一気に上がり、高額の税金がかかってくるので注意が必要です。

連年贈与とみなされないためには、

- **毎年同じ日に振り込むのではなく、時期をずらす。**
- **金額を少しずつ変える。**

2億円を無税で贈与する方法

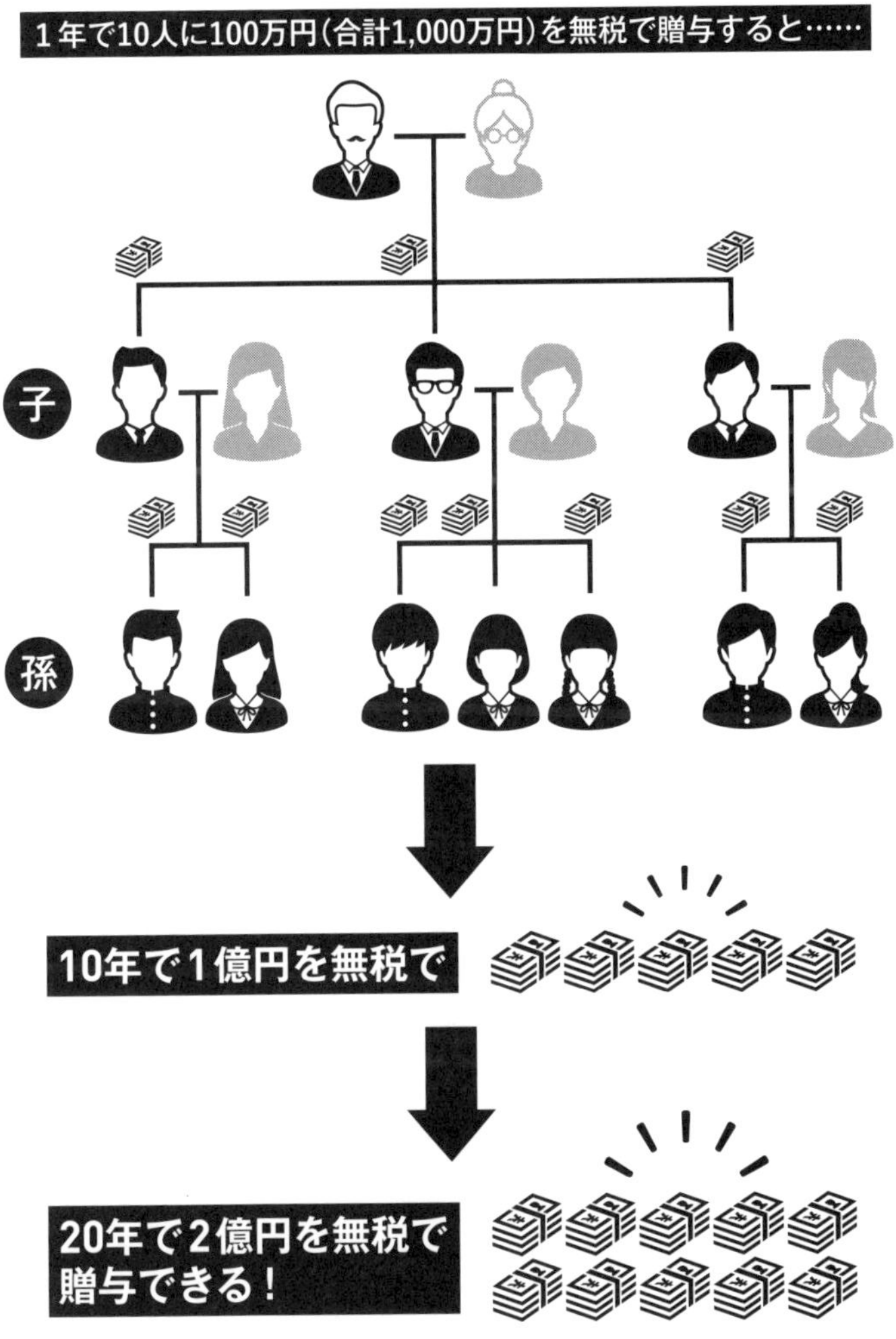

・年によっては、110万円を少し超える贈与を行って、贈与税を納めておく。
・子どもの進学や入学に合わせて贈与する。

などの工夫をして、連年贈与に当たらないことを示す必要があります。

また、相続などにより財産を取得した人に対する「相続開始前3年以内」の贈与財産は、「相続財産」に加えて計算しなければなりません。したがって、贈与をはじめて2年後に亡くなってしまったとしたら、2年分の贈与財産は、相続財産として扱われ、相続税の対象になります。そうならないためにも、生前贈与は、「元気なうちから早めに開始し、長い時間をかけて財産を分ける」のがポイントです。


金融財産ではなく、不動産を贈与するときは、「評価額が低いもの」を贈与すると効果的です。

「建ててからだいぶたつけれど、安定的に入居者がいる物件」は、不動産としての評価額は低いので贈与税を安くできます。それでいて、将来の「家賃収入」も移すことができるため、二重の節税効果があります。

20年以上連れ添った夫婦なら、特別な控除が認められる

夫婦間で居住用不動産（自宅など）を贈与する場合は、「贈与税の配偶者控除」という特例を受けることができます。この特例は「結婚して20年以上の夫婦」が対象です。自宅や住宅資金、土地などの居住用不動産を贈与するときにかぎって、**「2000万円」が控除**されます。

110万円の基礎控除と合わせると、2110万円までは非課税になります（ただし、ひとりの相手に対し、一生に1回だけ）。

たとえば夫の名義で、評価額6000万円の居住用不動産（マイホーム）があったとします。

この土地の3分の1（2000万円分）を妻に贈与しておけば、控除額以下ですから贈与税はかかりません。

贈与をしなければ、夫の死後、6000万円に相続税がかかります。

けれど、贈与をしておけば、夫の財産が２０００万円分減るため、相続税を減らすことができます。

ただし、土地の名義変更にともなう諸費用が70万円以上かかるため、費用をかけてでも配偶者に贈与したほうが有利になるかどうか、事前に相続税の確認をしておく必要があるでしょう。

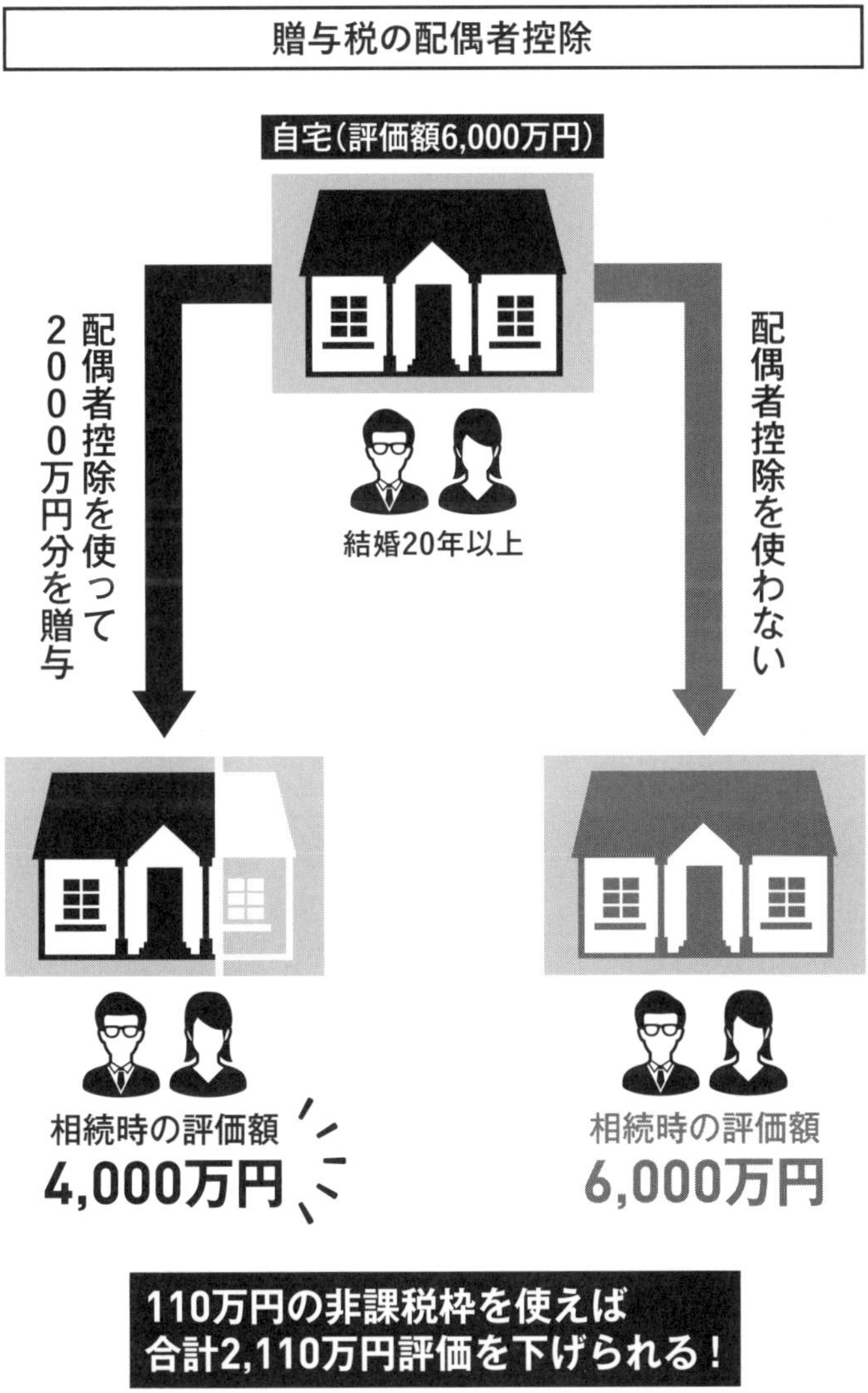
贈与税の配偶者控除
自宅（評価額6,000万円）
結婚20年以上
配偶者控除を使って2000万円分を贈与
配偶者控除を使わない
相続時の評価額
4,000万円
相続時の評価額
6,000万円
110万円の非課税枠を使えば
合計2,110万円評価を下げられる！

「税の支払い」を後回しにする方法

「相続時精算課税制度」で税金の支払いを「後回し」にする

生前贈与の際に、「相続時精算課税制度」を利用することができます。

この制度をわかりやすく言うと、

「親が子どもに生前贈与したとき、2500万円までは、ひとまず税金を払わなくていい。その代わり、親が亡くなって残りの財産を相続したときに、相続した財産（亡くなってから受け取った財産）と、贈与された財産（亡くなる前に受け取った財産）を加算して相続税を計算する」

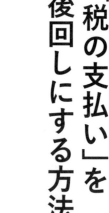

相続時精算課税制度のしくみ

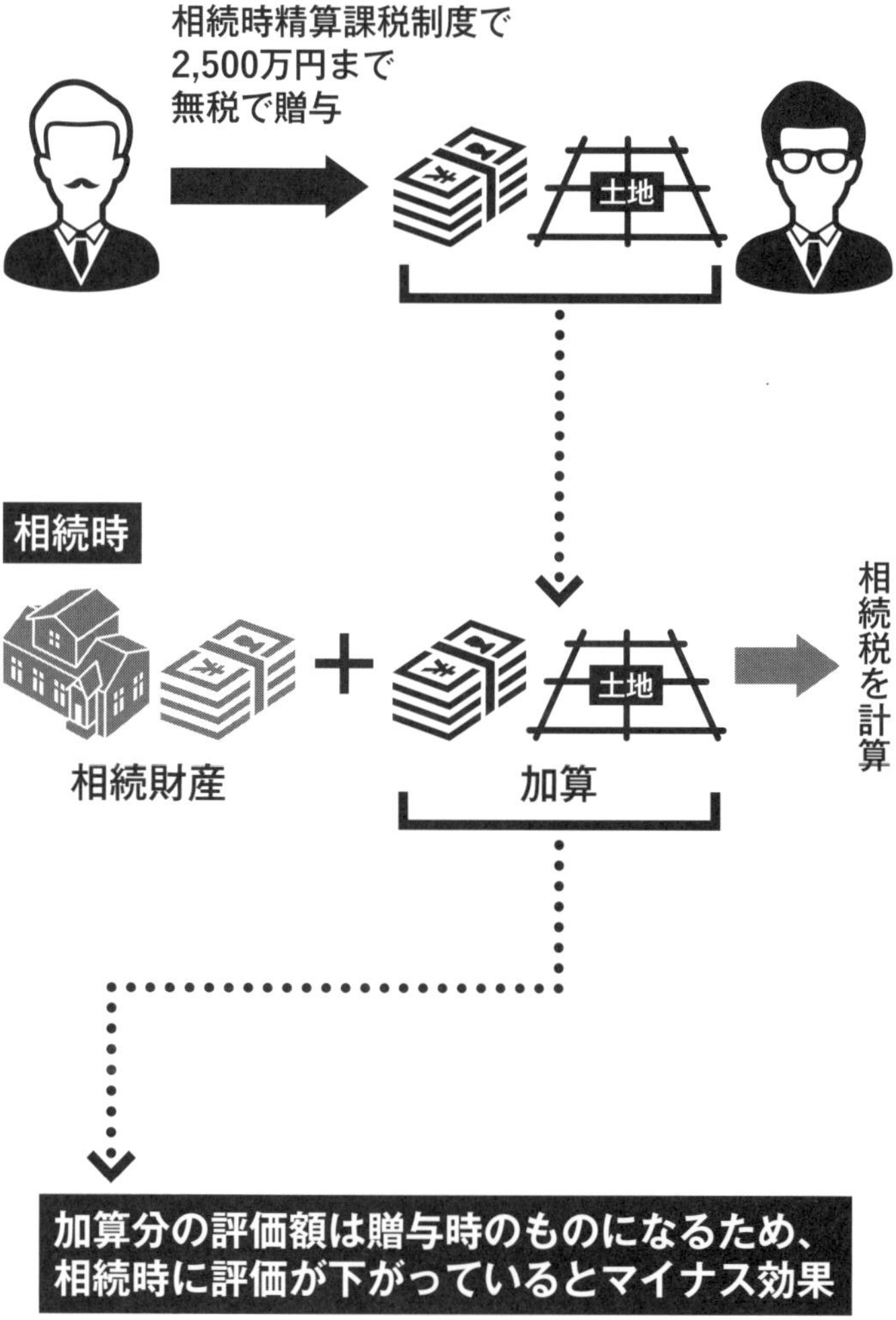

加算分の評価額は贈与時のものになるため、
相続時に評価が下がっているとマイナス効果

という制度です。つまり、贈与税を後回しにして、相続税で「精算する」という制度です。

2500万円までは非課税です。相続時に加算されて相続税がかかります。

2500万円を超えると、2500万を超えた額に対し、「一律20％」の贈与税がかかります。そして、合算して精算をした時点で、すでに支払い済みの贈与税の額が差し引かれます。

この制度が使えるのは、「60歳以上の父母または祖父母から20歳以上の子または孫」への贈与にかぎります。ただし、住宅資金贈与の場合は、この要件が変わることがあります。

この制度は、損得の判断が難しい

この制度を利用すると、次代への資産移転をスムーズにして、消費の活性化を図ることができます。けれど、「節税」という点に絞って考えてみると、必ずしも得策だとは言えません。

相続時に「相続税を支払うのがあきらかな人」の場合は、あまり意味がないと思います。

せっかく贈与しても、「相続が発生したときに、贈与した分がすべて相続財産に戻される」ために、**節税になるとは言えない**からです。

また、相続時に加算される贈与財産の額は、「贈与の時点」での評価額です。

仮に、生前贈与で「評価額２０００万円」の土地を贈与したとします。けれど、**この土地の価値がいつまでも同じだとはかぎりません。**相続時に「１０００万円」の価値にまで下がってしまえば、相続時に余計な税金を払うことになります。

贈与しなければ、相続時には「１０００万円」で評価されたはずです。ですが、生前贈与をしたために、１０００万円の価値しかないものを２０００万円の価値があるものとして加算しなければなりません。

区画整理や都市開発事業の計画が決まっていて、「確実に値上がりすることがわかっている土地」であれば、この制度を利用したほうが有利になります。

この制度には多くのデメリットが存在します。「得か、損か」の判断が非常に難しいので、相続専門の税理士に相談したうえで利用を検討したほうがいいでしょう。

孫を「養子」にして子どもを増やせば、税金がおトクになる

子どもが多ければ多いほど、節税できる？

②養子縁組

相続税の基礎控除額（税金がかからない額）は、「3000万円＋（600万円×法定相続人の数）」で計算されます。

ということは、法定相続人の数が多いほど、相続税の基礎控除額が増えて**（ひとりにつき600万円）**、相続税を減らすことができます。

「養子縁組をして子どもの数を増やせば、相続税を抑えることができる」

わけです。

身内に財産を分散させたいなら、「孫」や「実子の配偶者（長男の妻など）」を養子にすることが考えられます。

ただし、法定相続人の数に含めることができる養子の数は、税法によって定められています（民法上においては養子の数に制限はありません）。

・実子がいる場合は、養子のうちひとりまで
・実子がいない場合は、養子のうち２人まで

相続税の計算上は、多くても「２人」までしか法定相続人にはできません。

【養子縁組のメリット】

（１）相続税の基礎控除額が増える（ひとり当たり６００万円）
（２）生命保険の非課税額が増える（ひとり当たり５００万円）

（3）死亡退職金の非課税額が増える（ひとり当たり500万円）

（4）相続人が増え、ひとり当たりの相続分が減少することで、税率が下がる

（5）相続を一世代飛ばせる（親から子、子から孫と2回相続税を払うことがなくなる）

養子となった孫に対する相続税額は「2割加算」されますが、それでもトータルで考えると大きな節税効果が見込めます。

目安としては、「10億円」の財産があると、相続税額が5000万円程度安くなることがあります。

ただし、養子縁組にはデメリットもあります。実子と養子が自らの権利を主張し合い、相続争いに発展する可能性などもありますから、養子縁組を考える際は、ご家族とよく話し合いをすることをお勧めします。

養子縁組のすごい節税効果

実子のみ

- 相続税基礎控除額
  4,800万円
- 生命保険非課税額
  1,500万円
- 死亡退職金非課税額
  1,500万円

養子を1人増やすと……

- 相続税基礎控除額
  5,400万円　600万円アップ
- 生命保険非課税額
  2,000万円　500万円アップ
- 死亡退職金非課税額
  2,000万円　500万円アップ

自分の土地にアパートを建てると節税できるのは、なぜ？

相続税を節税するための「3つ」の土地活用法

③土地の活用

財産の中に占める「土地」の割合が大きい場合は、多額の相続税を納付しなくてもすむように、事前の対策が必要です。

土地を活用した相続税対策にはいくつかありますが、代表的なものは、次の「3つ」です。

【土地を活用した相続対策】

（１）「自宅」を利用する節税

（２）アパート・マンションを経営する（新築する）節税

（３）土地を売却する節税

（１）「自宅」を利用する節税

相続によって財産をもらうと、相続税がかかります。それは、今まで亡くなった人が家族と一緒に住んでいた「宅地（居住用の土地）」についても同じです。

残された遺族にとって、なくてはならない宅地（住居）に多額の相続税がかかってしまうと、遺族のその後の生活に大きな支障が生じることが考えられます。

そこで、相続によって取得した財産のうち、居住用や事業用に使われていた「宅地」等がある場合には、評価額の一定割合を減額することができます。

これを「小規模宅地の特例」と言い、この制度を利用すると、取得した土地のうち、３３０㎡までは評価額を「80％」減額することができます（ただし一定の要件を満たす必要があります）。

たとえば1億円の価値がある宅地でも、この特例を使うと、評価額を「2000万円」にまで下げることができます。

（2）アパート・マンションを経営する（新築する）節税

土地の評価額は、「その土地をどのように使っているのか」によって違ってきます。

土地の上に、アパート・マンションを建てると、土地・建物の財産評価が低くなるため、相続税は少なくなります。

また、アパート・マンションを建てる際、金融機関から借り入れをすると借入金を債務として控除することができます。

たとえば、「評価額2億円」の土地に、銀行から「1億円」を借り入れて、「1億円」のアパートを建てたとします。

このアパートは、「評価額1億円の財産」になるわけではありません。評価のしかたの詳細は省きますが、アパートの引き渡しの時点では、「約6000万円」にまで下がります。

小規模宅地の特例の節税効果

居住用の土地（評価額１億円、300㎡）

330㎡までは
80％評価減

小規模宅地の特例を使うと

↓

評価額2,000万円に！

マイナス8,000万円

事業用の宅地は400㎡まで80％減、
貸付事業用の宅地は200㎡まで50％減

つまり、アパートを建てると、相続財産が「約4000万円」分減ることになります。

入居者を迎え入れると、さらに建物の価値が「30%」下がります。

入居者には「住む権利」が認められています。大家が「この入居者には出ていってほしい」と思っても強制はできないため、その分、価値が下がると考えることができます。したがって、引き渡しが終わって入居者が入った時点で、アパートの価値は「約4200万円」にまで下がります。

建物と同じように、「土地」の評価額も下がります。

賃貸物件が建っている土地のことを「貸家建付地」と言いますが、このような土地には、入居者にも土地を利用する権利が与えられています。その分、大家の権利は限定されるので、土地の評価額が下がります。

アパートの敷地の場合なら、地域により異なりますが「18%」低くなり、評価額は「82%」になります。土地の価格は「2億円」でしたから、「1億6400万円」まで下がることになります。

アパート・マンションを新築する節税法

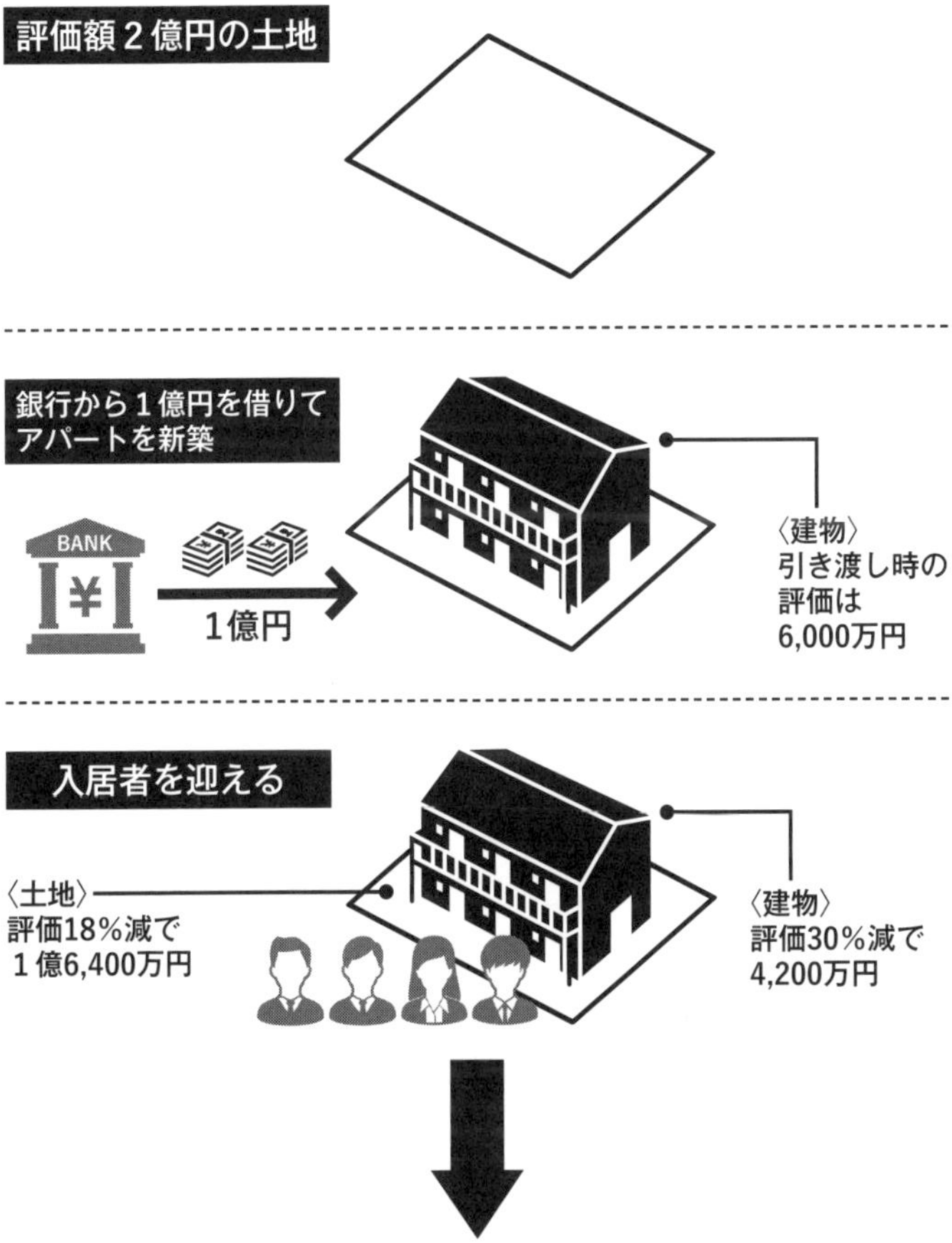

建物4,200万円＋土地１億6,400万円－借入金１億円

＝1億600万円　**9,400万円 評価減**

建物と土地を合わせた評価額は、「2億600万円」です。
これに、金融機関からの借入金「1億円」を差し引くことができますから、評価額を「1億600万円」にまで減らすことができるのです。

アパート・マンション経営の落とし穴

アパート・マンション経営は、相続税対策として有効ですが、「落とし穴」もあります。

【賃貸経営の落とし穴】

・空室が多いと家賃収入が見込めない

「自分の土地を守りたい」「自分の土地を手放したくない」「自分の土地に愛着がある」という理由から、多くの地主は、「自分の土地」にアパートを建てたがります。ですが、**その土地が賃貸経営に適しているとは限りません。**

「駅から近い」「商店街やショッピングモールがある」「交通の便が良い」など、十分に入居者が見込める場所であればいいのですが、「駅から離れている」「交通の便が悪い」「ラブホテル街にある」「お墓の近くにある」など、周辺環境の悪い場所に建っていると、空室率が高くなる可能性があります。

また、少子化傾向は今後も続くことが予想されていますから、長期的に考えると、入居者が減っていくことはあきらかです。

「自分の土地に新築の物件を建てたい」という地主の気持ちもわかりますが、立地が良くないのなら、**「入居率が悪くない中古の物件」を購入するほうが、確実に家賃収入を見込める**でしょう。

・入居者が少ないと、借入金の返済ができない

アパートを建築する場合には、返済期間の長い大きな借り入れをすることになります。将来にわたって借入金を返済していけるのかどうか、しっかり検討することが大切です。

家賃収入でローンの返済をしようと計画しても、入居者がいなければ返済できず、負債だけが残ってしまいます。

・現金化に時間がかかる

相続税対策として、所有している「すべての土地」にアパート・マンションを建てようとする人がいます。

ですが、土地は、建物が建ってしまうと売りにくくなるので、「すべての土地」に賃貸物件を建てるのは、リスクが大きい。

相続が発生した場合、遺族が相続税を払うときに現金を持っていないと、「土地を売って現金をつくろう」と考えます。けれど、**物件が建っていると買い手を見つけるのに時間がかかります。**

また、借入金の抵当権がついていると売却できませんし、売却できたとしても、借入金の返済で納税分がなくなってしまうケースがあります。

・「家賃保証」を鵜呑みにできない

アパート・マンションの新築に際し、空室時の「家賃保証」をしてくれる管理会社があります。たとえ空室でも毎月の家賃を保証するしくみです。

空き室にかかわらず「毎月家賃が入ってくる」というメリットがある一方で、定期的に

アパート・マンションのリスク

①買い手を見つけにくい

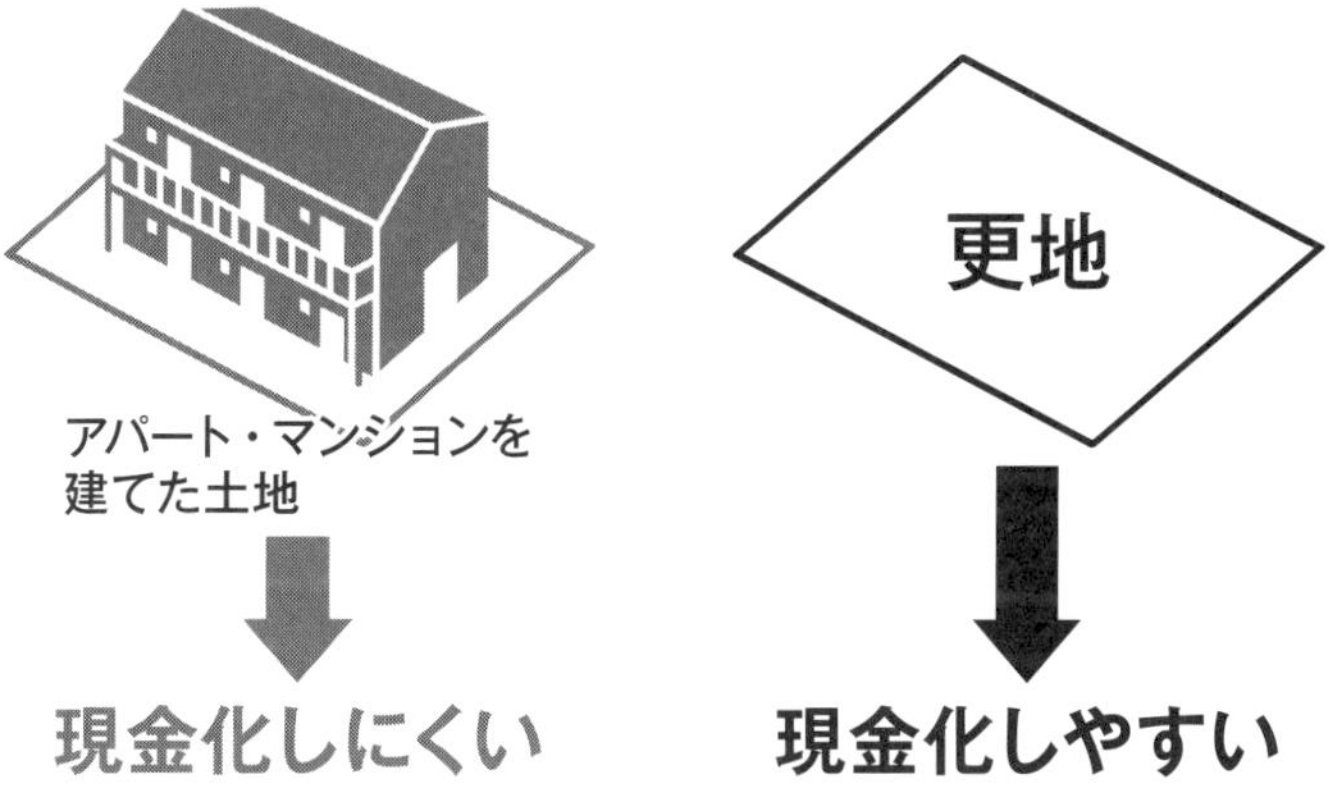

②抵当権で縛られている

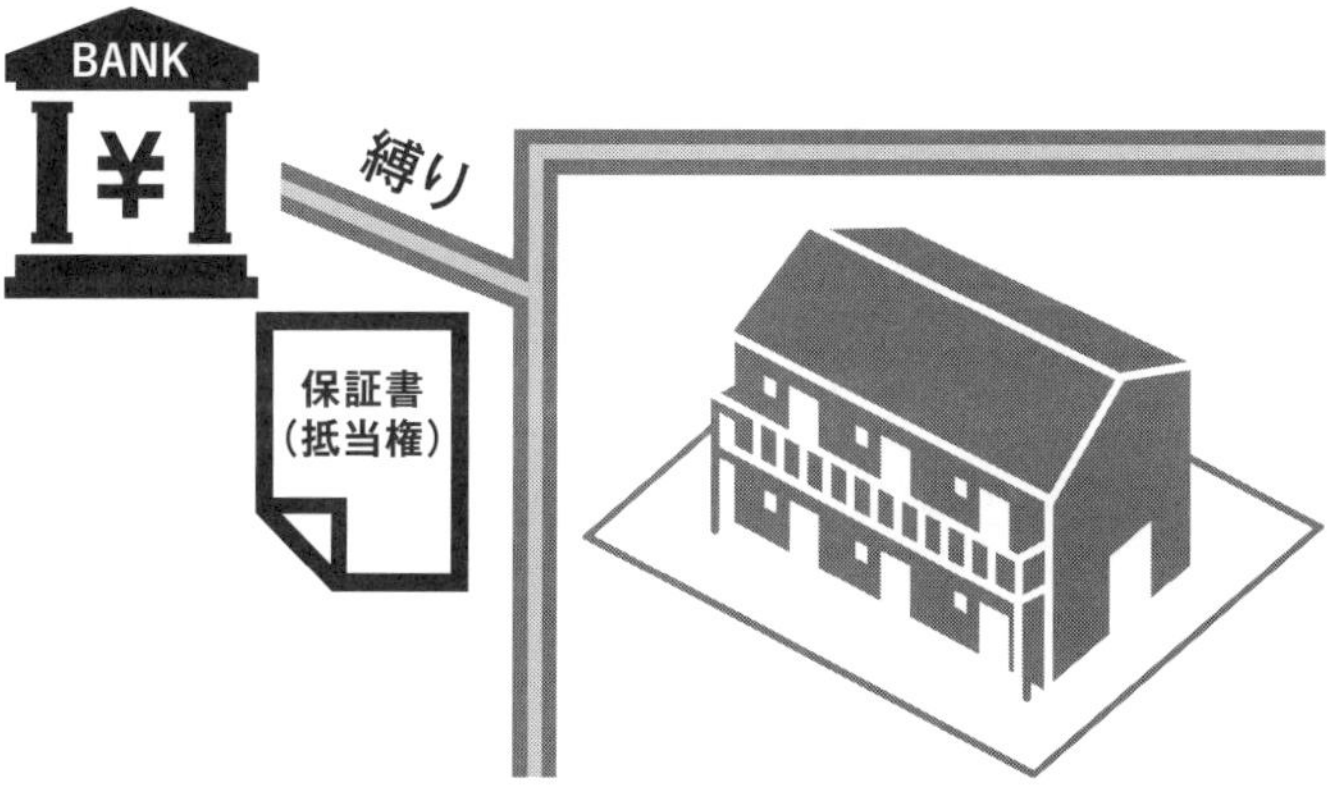

「賃料の見直し」があるので、そこで減額される可能性があります。

物件を建てても、相続税対策にならなければ、意味がありません。

アパート・マンションの新築を検討する場合は、土地周辺にある他のアパート・マンションの入居率や空室率を調べて、利回り（支出に対する利益の割合）をきちんと計算し、「家賃保証会社に頼らなくても家賃回収ができるか」を試算する必要があるでしょう。

（3）土地を売却する節税

貸宅地や市街地山林、耕作権（農民が土地を耕作する権利）の付いている土地などは、収益性や処分のしやすさという面からみると、一般的には不良資産化している土地と言えます。こうした土地のことを「問題地」と言います。

貸宅地は、借主に買ってもらう交渉をします。

問題地が市街地山林の場合は、区画整理（土地の区画や境界・道路などを変更・整備すること）や宅地造成が可能であれば、生前にしておくといいでしょう。そうすることで、「売却できる土地」に変わります。

不良資産化した土地は生前に手を加え売却

問題地（山林）

宅地造成

売却

複数の土地があるときは、「色分け」して対策を練る

複数の土地を持っている場合は、その土地を用途ごとに「4種類の色分け」をして、その土地にふさわしい相続対策を考えましょう。

【土地の4種類の色分け】

・死守地：家を守るため、最後まで残さなければならない土地
（例）自宅、宅地用として子どもに譲る土地、農家を続けるための生産緑地など

・有効活用地：「家」のゆとりのために、有効活用したい土地
（例）アパートやマンション、店舗を建てるための土地など

・納税用地：相続発生時に納税する、または納税資金を準備するための売却しやすい土地
（例）空き地や駐車場（売却する際に比較的容易に契約解除ができる）など

●問題地：有効活用がままならない土地

（例）貸宅地、耕作権の付いている土地、収益を生んでいない市街地山林など

土地の色分けが終わったら、各土地についてどのような対策ができるかを考えます。「引き継ぐ土地とそれ以外の土地」に分けて土地の使い道を検討すると、有効な相続税対策が行えます。

お金持ちは、どうして「多額の生命保険」に入っているのか？

財産を現金で受け取るより、生命保険金で受け取ったほうが節税になる

④生命保険

生命保険に入って掛金を払っておくと、亡くなってから生命保険金を財産として残すことができます。

生命保険金は、相続税の課税対象になりますが、「非課税枠」が認められているので、現金を残すよりも、相続税の負担を軽くすることができます。

【生命保険金の非課税枠】「５００万円×法定相続人の数」

たとえば、法定相続人の数が４人の場合には、「５００万円×４人」で、「２０００万円までは無税」で生命保険金を受け取ることができます。

預貯金で２０００万円残した場合には、２０００万円すべてに相続税がかかることになりますが、生命保険金であれば、同じ２０００万円でも非課税です。

相続財産が不動産ばかりだと、多額の相続税が発生した場合に、不動産を売却して納税資金を捻出するか、その不動産をそのまま税金として納める（物納と言います）ことになります。

ですが、生命保険に加入にして受取人を相続人にしておけば、受け取った生命保険金を納税に使うことができるので、不動産を手放す必要がありません。

生命保険には「遺産分割」のメリットもある

たとえば、農業を継ぐ長男に相続財産（土地）のほとんどを残したいと考えた場合、他の相続人から不満が出るかもしれません。このような場合は、長男を受取人とする生命保険契約に加入します。長男は受け取った保険金から他の相続人へ代償交付金を渡すことになり、兄弟間の「争続」を防ぐことができます。

不動産は、複数の相続人に分割することはなかなか難しいため、長男には土地を引き継がせ、次男には生命保険金（現金）を残すといった分割ができるでしょう。

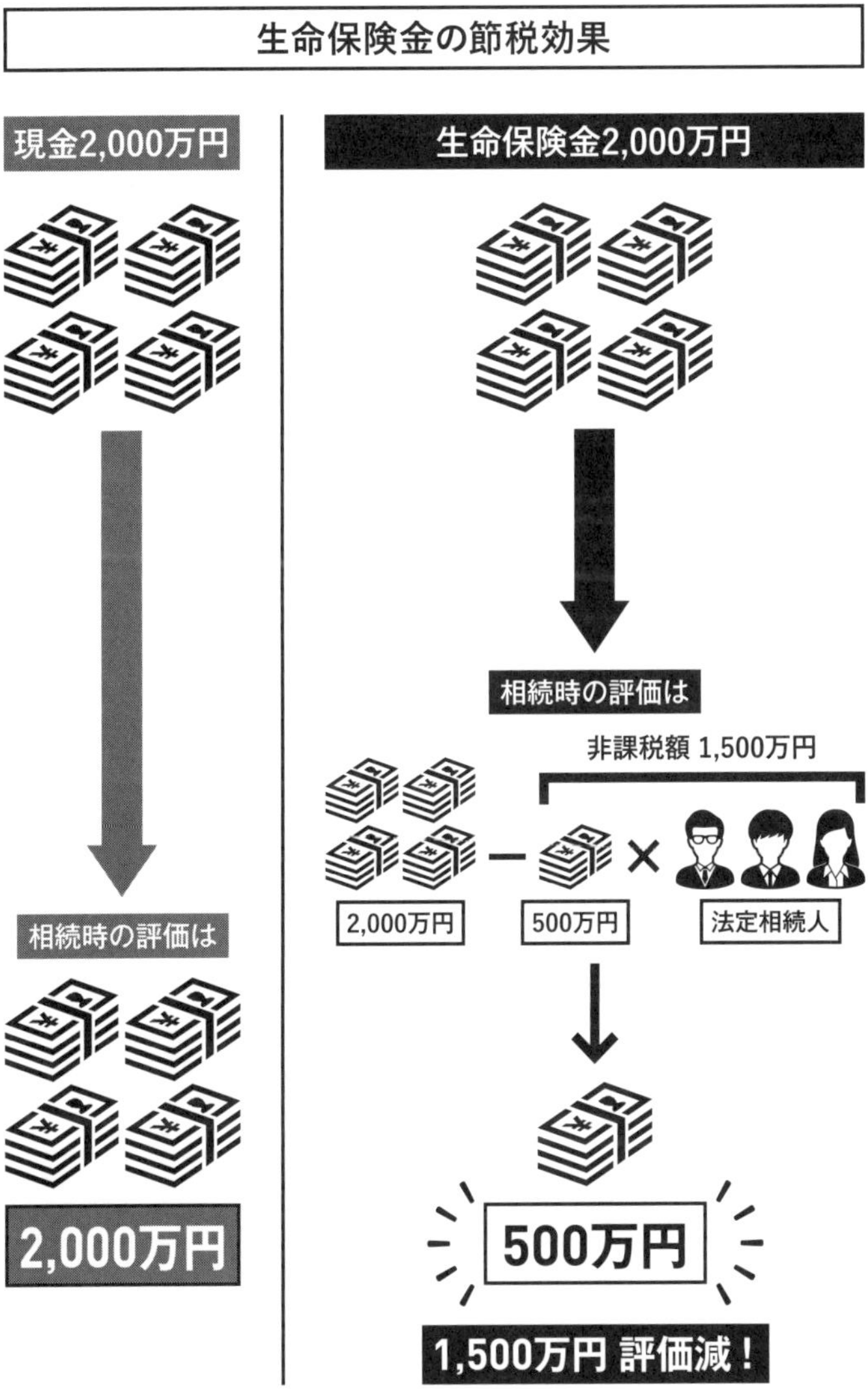
生命保険金の節税効果
現金2,000万円
相続時の評価は
2,000万円
生命保険金2,000万円
相続時の評価は
非課税額 1,500万円
2,000万円
500万円
法定相続人
500万円
1,500万円 評価減！

お金持ちが「寄付」をするのは、社会貢献だけが理由ではない

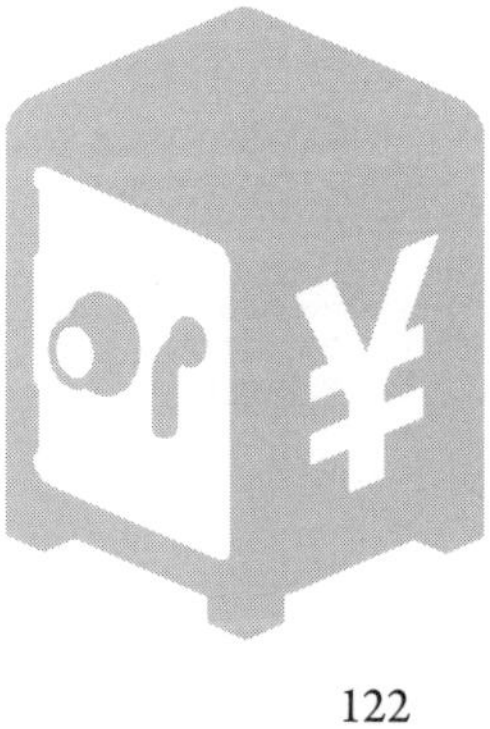

生前に「あげます」「もらいます」という契約を結んでおく

⑤寄付

ここ数年、「遺産を社会貢献のために寄付したい」と考え、自分の財産を配偶者や子どもなどの法定相続人だけでなく、公益団体や国、地方公共団体に寄付する人が増えてきています。

「少子高齢化で遺産を残す相続人がいない」「東日本大震災をきっかけに寄付の文化が定着してきた」などの理由からです。

財産の一部を、国や地方公共団体などに寄付した場合、寄付した金額は「相続税の課税対象としない」「寄付した金額を相続税の課税対象から外す」という特例があります。

また、相続、または遺贈（遺言により相続財産を受け取ること）により財産を受け取った側が寄付をしても、この特例を受けられます。

この特例の適用を受けるには、以下の要件をすべて満たす必要があります。

【特例の適用要件】

（1）相続または遺贈により取得した財産を寄付すること

（2）寄付をした先が国や地方公共団体、教育や科学の振興などに貢献する公益法人であること

（3）相続税の申告期限（相続開始後10カ月以内）までに寄付すること

寄付には、２つの方法があります。

「遺贈」と**「死因贈与」**です。

「遺贈」は、遺言書をつくる方法です。

遺言書をつくっておけば、法定相続人以外にも遺産を相続させることができます。

ただし、遺贈は遺言が公開されてからその内容が知らされるので、法定相続人が納得をせず、もめ事になる可能性があります。また、寄付先が「財産は不要」だとして権利を放棄すれば、寄付が行われなくなってしまいます。


一方の「死因贈与」は、相手の承諾が必要な契約です。

「遺贈」は受け取る側の意思に関係なく行われますが、「死因贈与」は、「私が死んだら〇〇〇〇円を贈与する」といったように、生きているうちに贈与契約を結びます。

「あげます」「もらいます」という契約を結んでおけば、そのとおりに寄付が行われます。

自分の遺産を寄付したい場合は、「死因贈与」のほうが確実でしょう。

「遺言」を残してトラブルを防止する

遺言書を残して、遺産を分割する

⑥遺言

相続が発生したときに、「誰が、どれだけの財産を受け継ぐか」は、民法で定められています。

民法で定められた相続人を**「法定相続人」**と言います。

亡くなった人の配偶者（夫が亡くなった場合は、妻）は、必ず相続人になります。

それ以外の相続人についても、第1順位、第2順位、第3順位が決まっています。

第1順位は、亡くなった人の直系卑属（子どもや孫）です。配偶者と子どもが相続人になる場合は、次の割合で相続します。

・配偶者／財産の2分の1
・子ども／残りの2分の1を子どもの数で均等に分割

子どもや孫がいなければ、第2順位の直系尊属（親や祖父母）、子どもも孫も、親も祖父母もいない場合は、第3順位の兄弟姉妹が相続人になります（順位と相続分については、次ページを参照してください）。

ところが、現実には、この法定相続分のとおりに相続が行われることは稀です。

たとえば、財産が不動産だと、きれいに分割できるとはかぎりません。

分割できたとしても、長男が家業の農業を継ぐような場合、土地を分散させてしまうと家業の存続にかかわります。

また、親と同居をして面倒を見てきた子どもと、そうでない子どもが同じ配分でいいの

法定相続人と法定相続分

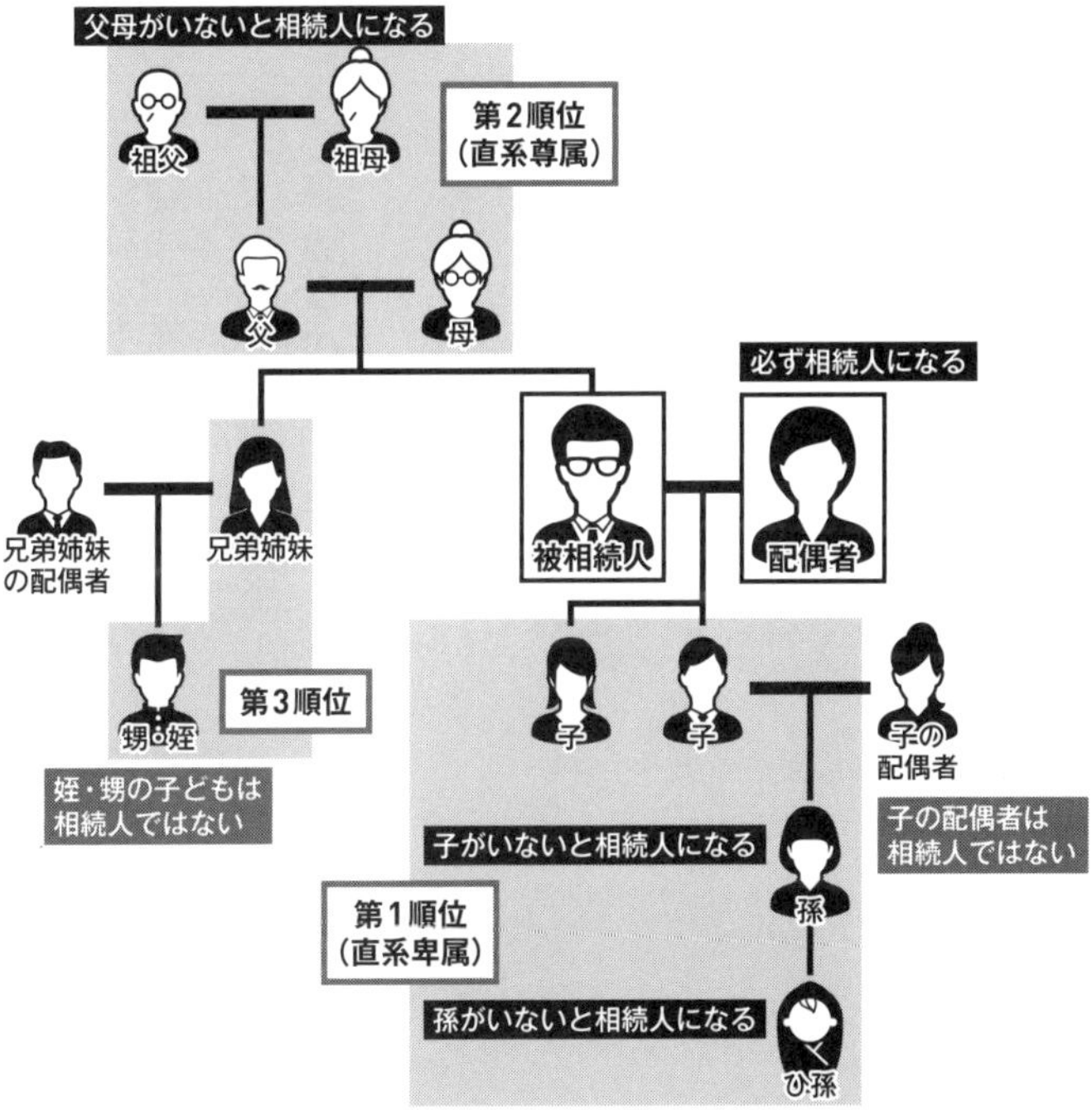

相続順位	法定相続分	
第１順位	配偶者 １／２	子 １／２
第２順位	配偶者 ２／３	直系尊属 １／３
第３順位	配偶者 ３／４	兄弟姉妹 １／４

か、といった心情的なわだかまりもあります。

財産を残す側にしても、「配偶者や子どもだけでなく、孫や親戚にも財産を残したい」、あるいは「あの子には財産を渡したくない」と考える人もいます。

遺言書が必要なのは、どんなとき？

2000件の相続案件を見てきて思うのは、**「実際の相続は、法定相続分では対応できないケースばかり」**ということです。

しかも、「うちには財産がないから、遺言なんて関係ない」という方からのトラブルが増加しています。

そこで私は、遺産分割がスムーズにいかないことが予想されるときは、「遺言書の作成」をお勧めしています。

遺言書に「分割方法」を指示しておけば、相続のトラブルを未然に防ぐことができます。

とくに、次のようなケースの場合は、遺言書が不可欠です。遺言書をつくっておかないと、相続が火種となって、家族間での争いが勃発しかねません。

【遺言が必要なケース】

①分割しにくい不動産がある

大きな財産が「自宅」の土地・建物くらいしかないときは、自宅を取得できなかった相続人から不満が出ます。

②事業用の財産や同族会社の株式がある

個人で事業を経営している場合、その事業の財産を複数の相続人に分けてしまうと、経営の継続が困難になります。特定の相続人に家業を承継させたい場合には、遺言書に書いておく必要があります。

なお、会社を設立して、事業に必要な財産を移行し、承継させたい人に黄金株（174ページ）を移行するのもひとつの方法です。

③特定の人に特定の財産を指定したい

「孫に遺贈したい」「同居して自分の面倒を見てくれた子どもには多く相続させたい」「長男には土地を残し、それ以外の子どもには現金を残したい」といったように、家族関係の状況に応じて財産を分けたいときは、遺言書に記しておきます。

④夫婦の間に子どもがいない

夫婦間に子どもがおらず、親がすでに亡くなっている場合、兄弟姉妹が相続人になります。このとき、配偶者と兄弟姉妹は肉親ではないため、もめることになりがちです。

⑤相続する人がいない

相続人がいない場合は、遺産は国庫に帰属します。それを望まないときは、お世話になった人などに遺産を譲る旨の遺言書を作成しておく必要があります。

⑥先妻との間に子どもがいる

先妻の子と後妻との間では、遺産の取り分を主張する争いがよく起こります。争いを防ぐには、遺言書を残して、遺産の配分をはっきりさせておくことです。

「自筆の遺言書」は無効になる可能性が高い

以前、こんな遺言書を見たことがあります。

ある女性が、A4用紙20枚にもわたって、「長男の嫁の悪口」を書き連ねていたのです。要約すると「こんなひどい嫁をもらった長男には、財産は残さない」ということでした。ですが、悪口が書いてあるだけの遺言書に効力はありません。この遺言は無効になりました。

遺言書の種類、つくり方は法律で定められていて、それ以外の方法で作成されたものは無効です。

遺言には、大きく分けると、「自筆証書遺言」と「公正証書遺言」の2種類あります。

①自筆証書遺言

遺言者が自分で全文、日付、氏名を書いた遺言書です。すべて「手書き」が条件で、パソコンや代筆は無効です。

遺言者がひとりで作成できるので、費用もかからず、簡単です。ですが、法的に有効な自筆証書遺言にするには、しっかりとした準備・知識が必要です。

②公正証書遺言（134〜135ページ参照）

公証役場（公正証書の作成を行う官公庁）で作成してもらう遺言書です。

公正証書遺言をつくるには所定の手数料がかかりますが、その代わり、作成した公証人役場に保管されるので、偽造や変造のおそれがなく、法的根拠が高くなります。

自筆証書遺言は簡単ですが、専門家が書くわけではありませんから、あとになって不備が見つかり、無効になることも少なくありません。

安全性・確実性の面で考えると、手数料を支払ってでも、公正証書遺言で遺言を残したほうがいいでしょう。

実録「家政婦」は見た！

相続は「争族」と言われることもあるように、たとえ家族であっても、遺産分割でもめることになりかねません。

２０１６年１月の「産経ニュース」に、

「実録・家政婦は見た！『全遺産はあなたに』の遺言有効　３０００万相当持ち去った実娘２人敗訴」

という記事が掲載されました。

２０１１年に97歳で死去した資産家の女性が、「遺産はすべて家政婦に渡す」と遺言に記したのですが、実娘２人が「遺言は母親を騙して作成させたもので無効だ」と主張。家政婦と実娘の間で、相続をめぐる訴訟が起きました。

遺産を持ち出した（約３０００万円を自分の口座に移した）実娘に対し、家政婦が「遺産の返還」を求めたのです。

第３条　遺言者がこの遺言を作成する趣旨は、次の通りである。

遺言者は長年連れ添った妻花子の今後の生活が心配でならない。遺言者の財産は一人で築いたものではなく、妻花子の協力によるところが大きい。相続人長男○○および長女○○は第１条に定める相続を了解して、花子が幸福に暮らせるように協力してほしい。

したがって、遺言者の意思を尊重し、遺留分減殺請求などしないようにお願いする。

以上

公正証書遺言の例

平成○○年第○○号

遺言公正証書

本公証人は、遺言者○○太郎の嘱託により、証人○○、同○○の立ち会いのもとに、遺言者の口述した遺言の趣旨を筆記して、この証書を作成する。

第１条　遺言者は、その所有する次に掲げる不動産を含む一切の財産を遺言者の妻○○花子に相続させる。
　１　横浜市○○区○○一丁目１番１号　宅地165㎡
　２　前記同所所在
　　　家屋番号○○番
　　　木造瓦葺２階建居宅　１階80㎡　２階50㎡
　３　○○銀行○○支店の遺言者名義の預金全部

第２条　遺言者は、この遺言執行者として、次の者を指定する。遺言執行者はこの遺言を執行するため、○○銀行○○支店の預金の解約、払戻、名義書換請求を請求する権限及びその他この遺言執行のために必要な一切の権限を有する。
　住所　横浜市○○区○○二丁目１番１号
　職業　行政書士　○○
　　　　　　　　昭和○○年○○月○○日生

問われたのは、遺言の効力です。

裁判所は「介護せず資産のみに執着する実娘2人と違い、50年以上、資産家女性に献身的に仕えてきた家政婦に対し、自己の財産をすべて譲ろうという心境になったとしても、不自然なことはない」と判断し、家政婦の女性が全面勝訴。実娘側に持ち出した全遺産の返還を命じています（参照：産経ニュース）。

このケースのように、遺言を残したからといって、「争続を100％防げる」わけではありません。

ですが、早いうち（元気なうち）に、相続対策（争続対策）を行っておけば、多くのトラブルを未然に回避して、「もめない相続」を実現することができます。

遺言書の効力も100％ではない

遺言書があれば、法定相続人以外の人にも、遺産を残すことができます。ですから、「子どもには1円も残さない」「○○に全財産を相続させる」と書くことができます。

しかし、遺言書の効力も100％ではありません。

遺言の効力は100%ではない

遺留分

相続人	配偶者	子	両親	兄弟姉妹
配偶者＋子	1／4	1／4		
配偶者＋両親	1／3		1／6	
配偶者＋兄弟姉妹	1／2			なし

遺留分を無視した遺言の内容は実行できない

法定相続人には「遺留分」が認められているからです。

遺留分とは、**一定の相続人のために、法律上必ず残しておかなければならない遺産の一部分**のことです。

仮に兄弟が2人いて、遺言書に「すべての遺産は長男に譲る」と書いてあったとしても、次男が遺留分の権利を主張すれば、一定の範囲内で取り戻すことができます（遺留分減殺請求と言います）。

プロを雇い「土地の評価」を見直して、税金を取り戻す

その相続税、払いすぎていませんか?

土地の評価については、土地の形状や周囲の状況などを総合的に判断して、評価額を決定します。

ですが、土地の評価額は、税理士によって変わってしまいます。また税務署の担当によっても変わります。相続に慣れていない税理士は、特例や節税ポイントを見逃してしまうことがあるからです。

多くの土地を相続した場合は、すでに相続税の申告をすませていても、別の税理士に相

談をして、土地の評価額を見直してみるといいでしょう。減額評価の可能性があれば、還付を受けることができるかもしれません。

たとえばAさんの場合、地元の税理士から、「これ以上、土地の評価は下がらない」と言われ申告を行いました。相続税が還付される可能性があることを知って、私たちが財産評価の見直しを行いました。

その結果、**「約1億7000万円」の還付に成功しました。**

またBさんは、「財産規模に比べて相続税が高いのではないか」と不信に思い、私たちが申告内容の見直しを行ったところ、納税額1000万円のうち、**「800万円」が還付されました。**

相続税の申告期限から**「5年以内」**であれば、払いすぎた相続税を取り戻せる可能性があります。

前回の申告よりも「低い税額」が認められた場合は、差額が戻ってきます。この制度のことを「更正の請求」と言います。

減額評価の可能性が高い土地

- 不整形地（形の良くない土地・正方形・長方形でない土地）
- 500㎡以上の住宅敷地・アパート敷地・田・畑・空き地
- 市街地にある田・畑・山林
- 私道に面した土地
- 道路に接していない、または少ししか接していない土地
- 道路・通路になっている土地
- 道路と地面の間に高低差がある土地
- ４ｍ以下の道路に面する土地
- ２棟以上の建物を建てている土地
- 建物の建築が難しく、
通常の用途には使用できないと見込まれる土地
- 傾斜のある土地や、一部崖になっている土地
- 都市計画道路や区画整理の予定がある土地
- 路線価が付設されていない道に面した土地
- 道路の間に水路を挟んでいる土地
- 土地の中に赤道（里道）や水路が通っている土地
- 騒音、悪臭等周囲の住環境が悪い土地
- 墓地に隣接している土地
- 高圧電線が通っている土地

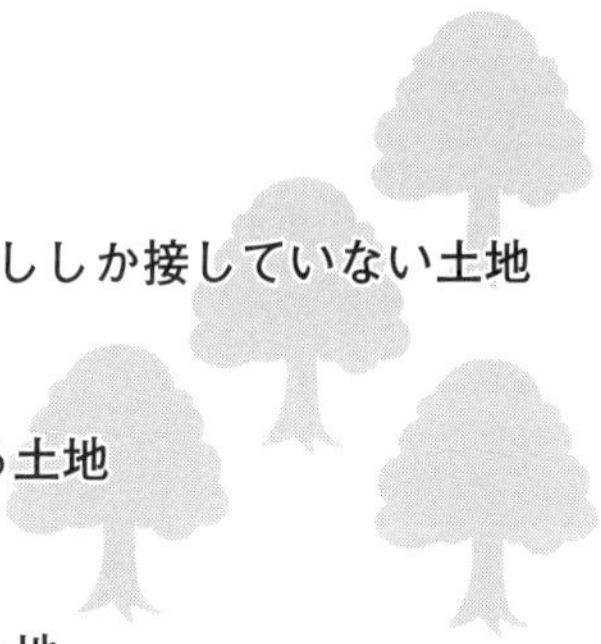
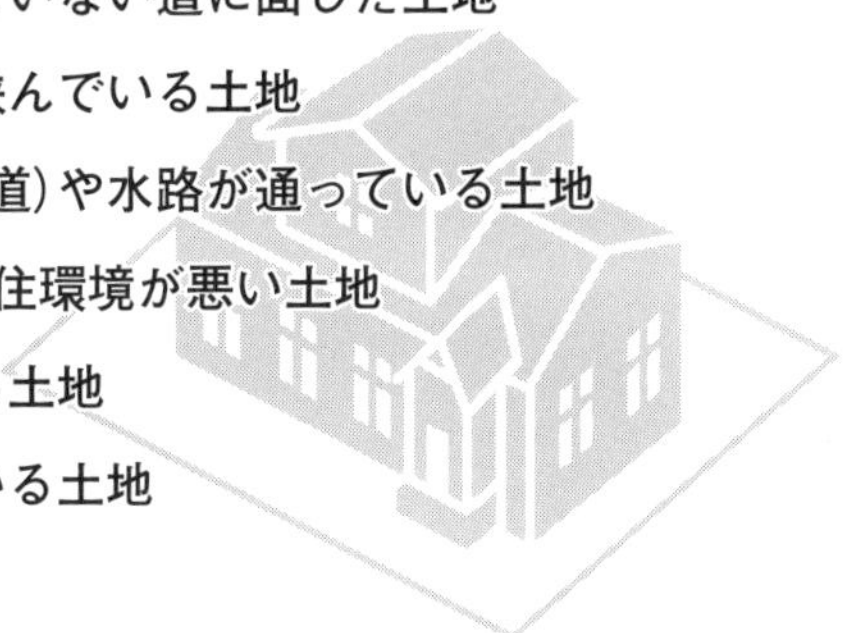

相続税は「申告したら終わり」ではありません。

土地を多く相続した人は、過払いをしている可能性もありますから、相続税に詳しい税理士にお願いをして、再度、土地の評価を見直してみることをお勧めします。

自分の「お墓」は、生きているうちに建てる

葬儀費用は相続財産から引くことができる

お葬式にかかった費用は、相続財産から差し引くことができます。

葬儀費用は相続財産からの使用が認められますので、相続税の控除に使用できます。

ただし、すべての葬儀費用が相続税の控除に使えるわけではなく、税務上の制限があります。

遺産総額から差し引くことができる葬儀費用は、次のようなものです。

【葬儀費用になるもの】

- お通夜、告別式にかかった費用
- 葬儀に関連する料理代
- 火葬料、埋葬料、納骨料
- 遺体の搬送費用
- 葬儀場までの交通費
- お布施、読経料、戒名料
- お手伝いさんへのお礼
- 運転手さん等への心付け
- その他、通常葬儀に伴う費用

【葬式費用にならないもの】

- 香典返し
- 生花、盛籠等

※喪主・施主負担分は葬儀費用になります。

- **位牌、仏壇、墓石の購入費用**
- **法事（初七日、四十九日）に関する費用**
- **その他通常葬儀に伴わない費用**

お墓は、「生前」に「現金一括」で建てておく

また、生前にお墓を建てると、相続税の節税ができます。

国税庁のホームページには、

「墓地や墓石、仏壇、仏具、神を祭る道具など日常礼拝をしているもの」は、「相続税がからない財産」

と認めています（骨とう的価値があるなど投資の対象となるものや商品として所有しているものは相続税がかかります）。

ただし、

「相続があったあとにお墓を購入した場合」

「お墓を生前に購入したものの、その代金をまだ払っていない状態の場合」は相続税の節税になりません。

「金の延べ棒は課税対象になるが、仏具は非課税なのだから、純金でできた仏具を買えば、相続税対策になるのではないか」と考える人がいるかもしれません。

ですが、「骨とう的価値がある」など、投資の対象となるものや商品として所有しているものには相続税がかかります。

そのうえ、仏具の価格には、純粋な金としての金額の上に加工料などが上乗せされているので、売却時には、買った値段よりも安くなる可能性があります。

すなわち、**「金の仏具を買ったところで、相続対策にはならない可能性もある」**ということです。

第4章

「お金持ち」の事業の残し方

経営者が引き継ぎをするのは、財産だけではない

子どもへの事業承継には、「10年」かかる

事業系のお金持ちが次世代に受け渡すのは、個人の財産だけではありません。

自分が経営する事業（会社）を「誰に、どうやって引き継ぐのか」も考える必要があります。

ですが、「遠い将来の話だから、まだ関係ない」「家族や会社に対する影響力を残しておきたい」「社長の死に関する話題だから言い出しにくい」といった理由から、事業承継を先送りにする経営者がとても多い印象です。

事業承継は、財産権、経営権、人材を引き継ぐため、**財産だけを受け渡す「相続」よりも厄介で、「自分の子どもへの事業承継は10年かかる」**とも言われています。

事業承継を円滑に進めるためにも、早めに準備をはじめるのが得策です。

✔ 事業承継の3パターン

事業を存続させたいのであれば、まずは後継者を見つけなければなりません。「誰」を後継者にして事業を引き継いでいくのかは重要なテーマです。

事業承継には、大きく「3つ」の方法があります。

【事業承継の3パターン】

①親族内承継

②親族外承継

③M&A（merger and acquisition／合併と買収の略）

①親族内承継

親族内承継とは、現社長の子息・子女（あるいは配偶者や娘婿）、血縁・親族関係のある者を後継者にすることです。

同族経営が多くを占める中小企業では、親族内承継がもっとも多いパターンです。1980年以前は、事業承継全体の9割以上が親族内承継（約8割が子息または子女への承継）でした（参照：東京商工リサーチ　後継者教育に関する実態調査）。

【親族内承継のメリット】

- 内外の関係者から心情的に受け入れられやすい。
- 後継者を早期に決定し、後継者教育等のための準備期間を確保できる。
- 相続により財産や株式を後継者に移転できるため、他の方法と比べて、所有と経営の分離を回避できる可能性が高い。
- 金融機関が貸したお金が保全されるから支援を受けやすい。

【親族内承継のデメリット】

- 後継者候補に、経営能力と意欲があるとはかぎらない。
- 相続人が複数いる場合、後継者の決定・経営権の集中が難しい。
- 後継者以外の相続人への配慮が必要。

②親族外承継

親族以外が後継者になることです。子息・子女、配偶者が家業を継ぎたがらないこともあり、親族外承継が増えてきています。

親族外承継には、

- 内部昇格／社内の役員や従業員が経営者に昇格すること
- 外部招聘《しょうへい》／外部から経営者を招くこと

があります。

【親族外承継のメリット】

- 会社の内外から広く候補者を求めることができる。
- 内部昇格する場合は、経営の一体性を保ちやすい。

【親族外承継のデメリット】

- 親族内承継以上に、後継者候補が経営への強い意志を有している必要がある。
- 親族内承継と比べると、関係者から心情的に受け入れられない場合がある。
- 後継者候補に株式取得等の資金力がない場合が多い。
- 個人債務保証の引き継ぎなどの問題がある。

③M&A

M&Aは、企業の合併買収のことです。最近では、未上場企業のM&Aの件数は増加傾向にあります。

自社に不足している経営資源（ヒト、モノ、カネ、技術、情報など）を補い、事業の拡大や再構築を行うことができます。

【M&Aのメリット】

- 身近に後継者候補がいない場合でも、広く候補者を外部に求めることができる。
- 現経営者が会社売却の利益を獲得できる。

【M&Aのデメリット】

- 希望の条件（従業員の雇用、価格等）を満たす買い手を見つけるのが困難である。
- 経営の一体性を保つのが困難である。

事業承継でいちばん大切なのは自社株の「評価額」を下げること

事業承継とは、後継者に株式を集中させること

事業承継とは、「株式を承継すること」です。株を持たない社長は、ただの「雇われ社長」にすぎません。株式は会社の支配権そのものですから、経営安定化のためにも、後継者に集中させることが必要です。

ですが、業績の良い会社は、自社株（同族会社のオーナー社長やその一族が所有する株式）の評価が高くなっているため、相続税の納税や遺産分割の問題などが生じる可能性があります。

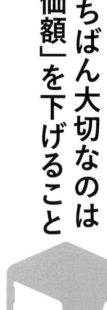

少し専門的になりますが、中小企業のような非上場会社（上場していない会社）の株価の評価方法は、２つあります。「類似業種比準価額方式」と「純資産価額方式」です。規模の大きな会社は「類似業種比準方式」、規模の小さな会社は「純資産価額方式」が適用されます。

- **類似業種比準方式／事業内容の類似する上場企業の株価と比較して、評価額を算定する**
- **純資産価額方式／会社の純資産額に基づいて、株式の評価額を算定する**

純資産額とは、会社の資産から負債を差し引いた金額のこと

中小企業の事業承継に関しては「純資産価額方式」がベースになると考えておいてよいでしょう。

✓ 自社株式の評価額を下げる「5つ」の方法

自社株の評価額が高くなるほど、贈与時または相続時に負担する税金も高くなります。

多額の贈与税や相続税は、後継者や会社の資金繰りを圧迫する危険があるので、計画的な節税が必要です。

事業承継によって会社の株式を後継者に移すには、「株価が低い」ほど円滑に進みます。株価が低ければ、購入するための買い取り資金も、相続税や贈与税も安くすませることができます。

したがって、「自社株の評価額を下げる方法」を考えながら、長期的に株式を移す必要があります。

自社株の評価額を下げる方法には、おもに、次の「5つ」があります。

【自社株式の評価額を下げる方法】

①配当を出さない、あるいは配当率を引き下げる

②不良債権の償却などで経費を増やす

③機械装置、建物などの新規投資

④役員退職金を支給する

⑤損金計上できる生命保険、傷害保険に加入する

①配当を出さない、あるいは配当率を引き下げる

配当を行わなかったり、配当率を下げることで、株価を引き下げることができます。

配当金は直近２年間の平均配当額で計算されますから、２年間だけ無配にして株価を下げると、贈与しやすくなります。

②不良債権の償却などで経費を増やす

回収可能性のない売掛金や貸付金などを償却しないと、そのまま資産に計上されてしまいます。債権放棄を行って明らかに回収困難であると認められた場合は、その債権は法的に消滅し、必要経費または損金にすることができます。

また、含み損（取得価格に対し時価が値下がりしている状態のこと）を抱えている棚卸資産や不良在庫を売却したり、時価が簿価（貸借対照表計上の金額）を大幅に下回った不動産などを売却すれば、純資産を減らすことができます。

③機械装置、建物などの新規投資

機械、コンピュータ、デジタル複合機、ソフトウェアを購入した場合には、一定の要件

に該当すれば、特別償却によって、より多く減価償却費を計上できます。結果として年利益が低くなるので、株価を引き下げる効果があります。

また、会社で不動産を購入した場合、個人で購入したときと同じように、不動産の評価額は購入価額より低くなります。

④役員退職金を支給する

役員退職金は、損金として認められます。社長が存命中に退職金を支給すれば、自社株の株価を引き下げることができます。

【退職金の計算方法】

退職金＝最終月額報酬額×在籍年数×功績倍率（通常は2〜3倍）

たとえば、「報酬月額100万円」「役員在任年数25年」「功績倍率3倍」の社長であれば、退職金の金額は、

「100万円×25年×3倍＝7500万円」

となり、７５００万円までは損金算入が認められます。

⑤損金計上できる生命保険、傷害保険に加入する

法人契約の生命保険は、保険料の一部を損金計上できるので、自社株の評価を押し下げることができます。また、死亡保険金の受取人を相続人にすることによって、相続税の納税資金を確保できます。

「後継者に自社株を相続させ、他の兄弟には現金を渡す」といった場合にも、生命保険を活用して現金を準備しておくことができます。

子どもが複数いる場合は、複数の終身保険に加入をして死亡保険金の受取人を指定しておけば、事業承継をスムーズに行うことができます。

自社株は分散しないで、後継社長に集中させる

会社の支配権は、株の保有率で決まる

会社の支配権を握っているのは、社長ではなく、株主です。会社の支配権は、株の保有率で決まります。

社長が会社の支配権を磐石にするには、「67％（3分2）」以上の株が必要です。

「株を過半数持っていれば、会社の議決権を手に入れられる」と考えている人もいますが、それは「普通決議」の場合です。

普通決議は、出席株主の過半数の賛成で成立します。

ですが、会社の重要事項を決める「特別決議」は、出席株主の「３分の２以上」の賛成が必要になります。

つまり、会社の経営を安定させるには、後継社長に「67％（3分2）」以上の株を集中させることが大切です。

仮に長男に会社を継がせようと思うなら、会社の株は、長男に集中させるべきです。自社株が分散したままでは、後継社長が実力を発揮できません。

社長が所有する自社株１００％を妻と子ども３人の計４人に相続したとします。民法では、法定相続人は、

・配偶者／財産の2分の1
・子ども／残りの2分の1を子どもの数で均等に分割

の割合で相続できる決まりですから、子どもたちは、それぞれ「約17％」の株を相続します。長男は、約17％の株を相続した状態で社長の椅子に座ることになります。

ですが、約17％しか株を持っていないと、たとえ社長といえども、実権はないに等しいでしょう。母親と、子どもひとりが結託すれば、株のシェアは67％を超えて、「長男を会社から追い出すこともできる」からです。

後継社長に株を売り、資産をつくるのもあり

長男に自社株100％を相続させると、他の兄弟から不満の声が上がることがあります。そうならないためには、「株は会社を継ぐ長男にすべて与え、兄弟には、会社の支配権に関係のない他の財産を分け与える」などの配慮が必要です。

ただし、自社株の評価額が上がっていると、株を受け継いだ長男がより多くの財産を受け継ぐ結果になるため、兄弟間の不公平が生じることがあります。

自社株が5億円、その他の財産が1億円で、社長の総財産が「6億円」あったとします。子どもが3人いた場合、本来は「2億円ずつ」相続するのが望ましい。けれど、自社株の評価額が上がっているので、自社株をすべて長男に渡すと、次のような不平等が生まれます。

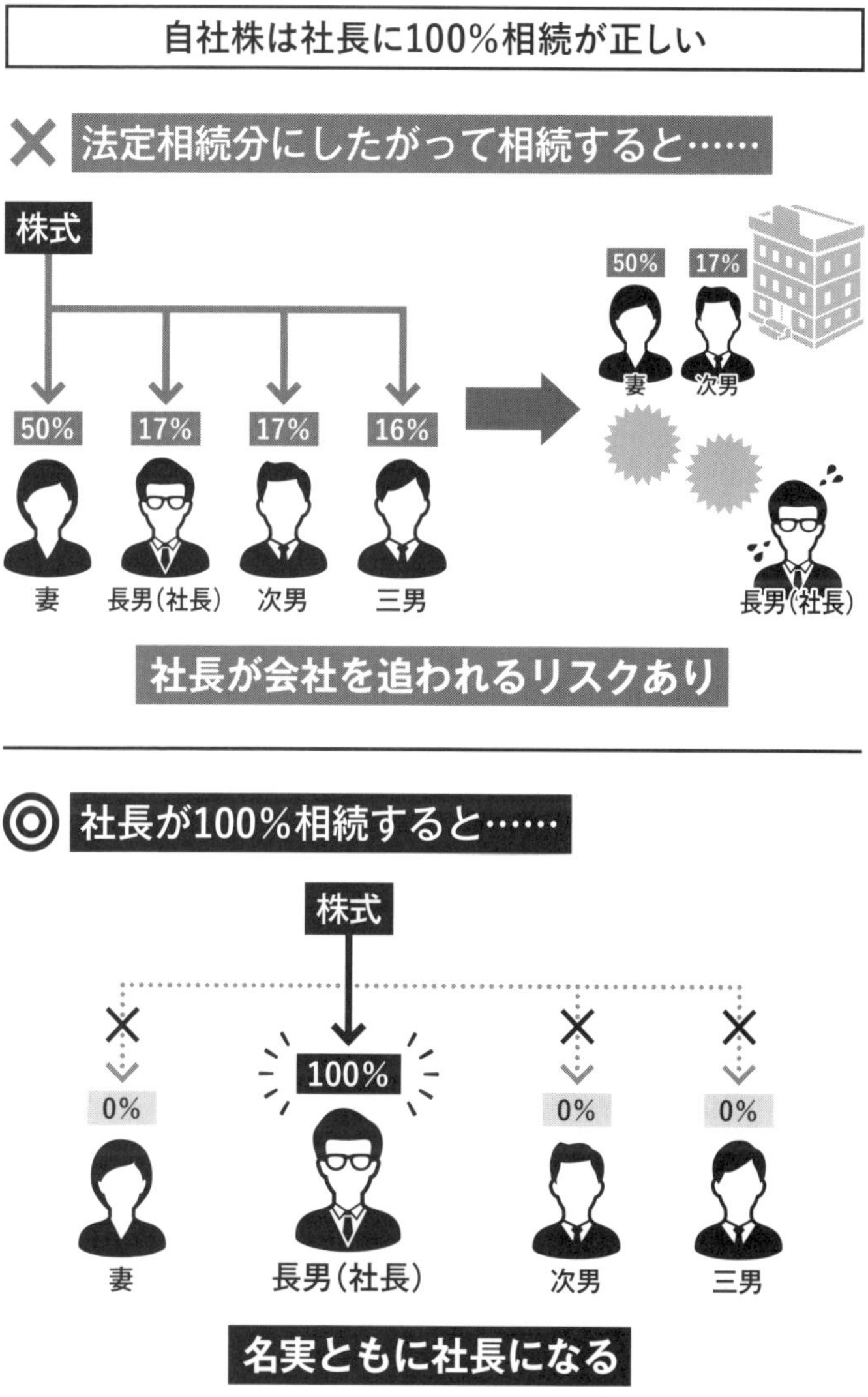
自社株は社長に100%相続が正しい
✕ 法定相続分にしたがって相続すると……
株式
50%
17%
17%
16%
妻
長男（社長）
次男
三男
50%
17%
妻
次男
長男（社長）
社長が会社を追われるリスクあり
◎ 社長が100%相続すると……
株式
✕
0%
100%
✕
0%
✕
0%
妻
長男（社長）
次男
三男
名実ともに社長になる

・長男／5億円（自社株）
・次男／5000万円（自社株以外の財産）
・三男／5000万円（自社株以外の財産）

このような場合は、後継社長（長男）に株を相続させるのではなく、長男に売却する。そして次男と三男に渡す現金をつくればいい。

評価額5億円の株のうち「3億円」分を長男に売り、その3億円を次男と三男に半分ずつ渡せば、兄弟全員が「2億円ずつ」受け取ることになり、不公平はなくなります。

・長男／残りの自社株を相続するので、相続した額は「2億円」。
・次男／自社株以外の財産5000万円分に、長男が父親に払った3億円の半分、1億5000万円がプラスされ、相続した額は「2億円」。
・三男／自社株以外の財産5000万円分に、長男が父親に払った3億円の半分、1億5000万円がプラスされ、相続した額は「2億円」。

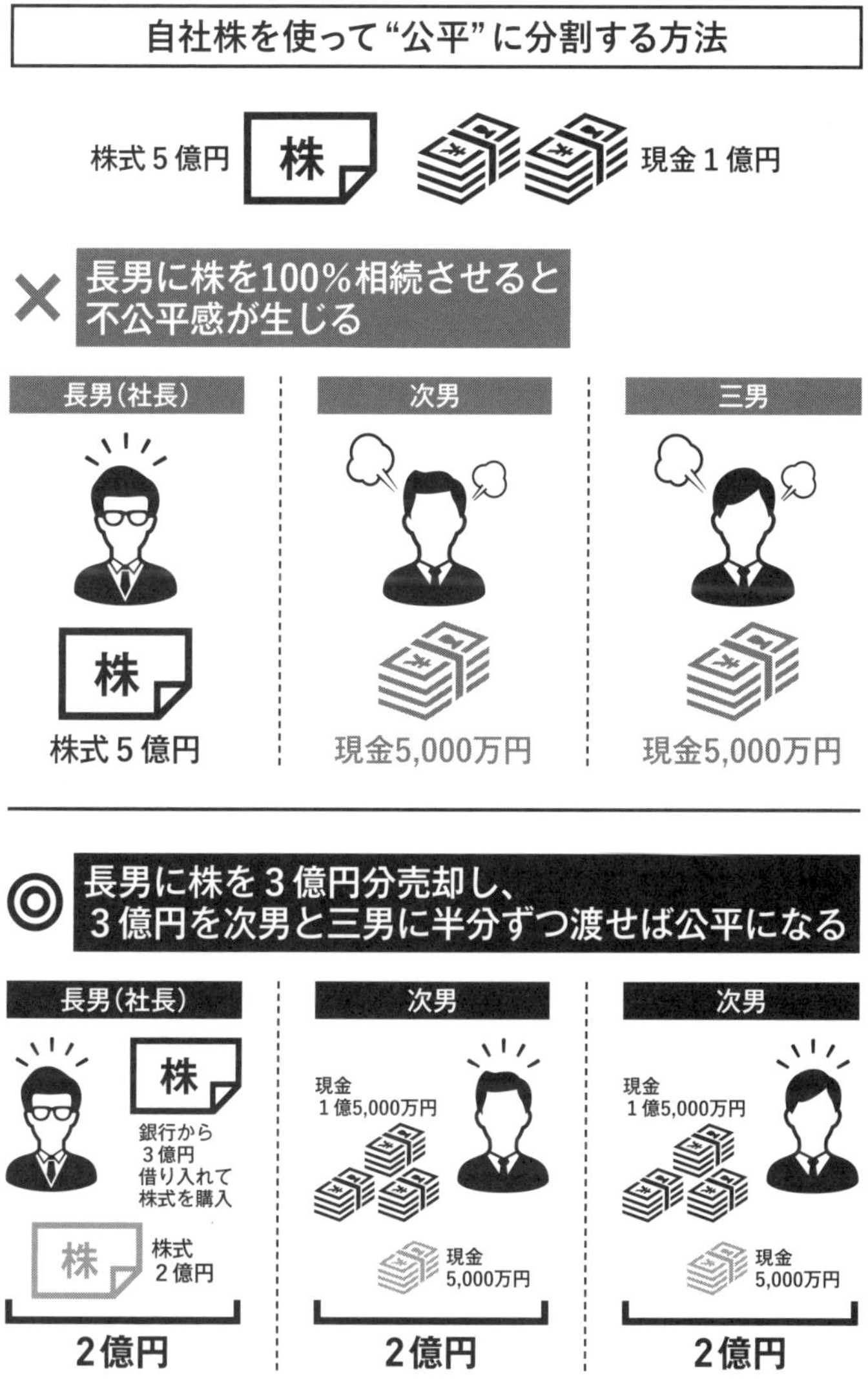

自社株を使って“公平”に分割する方法
株式５億円
株
現金１億円
× 長男に株を100％相続させると不公平感が生じる
長男（社長）
株
株式５億円
次男
現金5,000万円
三男
現金5,000万円
◎ 長男に株を３億円分売却し、３億円を次男と三男に半分ずつ渡せば公平になる
長男（社長）
株
銀行から３億円借り入れて株式を購入
株
株式２億円
２億円
次男
現金１億5,000万円
現金5,000万円
２億円
次男
現金１億5,000万円
現金5,000万円
２億円

長男は、株を買い取るための資金（3億円）が必要です。この3億円は、銀行から融資を受ければいいでしょう。銀行も、「後継社長が5億円の株を相続する」ことがわかっていれば、融資に応じてくれると思います。

分散している株をいかに買い戻すか？

分散した自社株は、後継者に集約する

分散している自社株を後継者に集約する方法は、おもに「３つ」あります。

①後継者が他の株主から買い取る

株を買い戻すための資金は、銀行から融資を受けることが可能です。会社が大きく成長しているときは、株価も高くなっています。すると、相手が売り渋ったり、売るにしても、高い値段を要求してくることがあります。

ですから、株主に買い取りを申し出るときは、「会社が赤字のとき」のほうが好都合です。自社株の評価額が下がるため、買い取り資金が安くすみます。業績が堅調なときは、評価額を下げるなどの手段が必要です。

②「会社」が他の株主から買い取る

株価が高値になったり、個人では買い取り資金を準備できないときは、会社に株を買い取らせて「金庫株」にすることができます。

- **金庫株／会社が自社の株を買い戻して、手元に置くこと**

金庫株は社長のものではありませんが、議決権と利益配当がないため、株主総会では役に立ちません。実質的には存在しないのと同じです。金庫株として買い戻すと、社長のシェア率が上がります。ただし、「金庫株」の取得には、株主総会での特別決議が必要です。

③会社が新株を発行して後継者に割り当てる

会社が新株を発行し後継者に割り当てると、後継者の株式保有率が高くなります。買い取り資金は必要ないためお金はかかりませんが、株主総会での特別決議が必要です。

社長が会社に貸しているお金は、「戻ってこない」ものとして手を打つ

✓ 会社への貸付金は、放棄するのが正しい

会社の資金繰りがうまくいかないとき、社長が自分のお金を会社に貸し付けることがあります。中小企業だと、社長が個人的にお金を用立てることは、めずらしくありません。このとき、会社の帳簿には、債務として「役員借入金」が残ります。

・役員借入金／役員が法人に対して貸付けているお金
（お金を貸す社長側から見ると、会社への貸付金）

しかし、社長が会社に貸したお金（貸付金）は、会社の業績が良くならないと回収できません（会社が社長にお金を返すことができない）。

もし、役員借入金が残った状態で社長に相続が発生すると、役員借入金は社長の相続財産になってしまいます。

仮に、社長が会社に「1億円」を貸していて、そのお金を回収する見込みがないとします。相続が発生すると、回収できないものにも相続税が課税されます。**1億円が手元にないのに「1億円を持っている」ものとしてみなされ、相続の課税対象になってしまう**のです。

もし、社長が会社にお金を貸していて、しかも、回収の見込みがないのなら、相続の前に貸付金を清算したほうがいいでしょう。

【役員借入金（会社への貸付金）を清算する方法】

①債務免除をして、貸付金を放棄する

債務免除とは、社長が会社に貸している貸付金を放棄することです。貸したお金は戻ってきませんが、返済の見込みがないお金に相続税が課税されることを考えると、放棄したほうが得策です（ただし、免除する場合は条件があるので、専門家に相談をしたほうがい

役員借入金（貸付金）を清算する２つの方法

①貸付金を放棄する

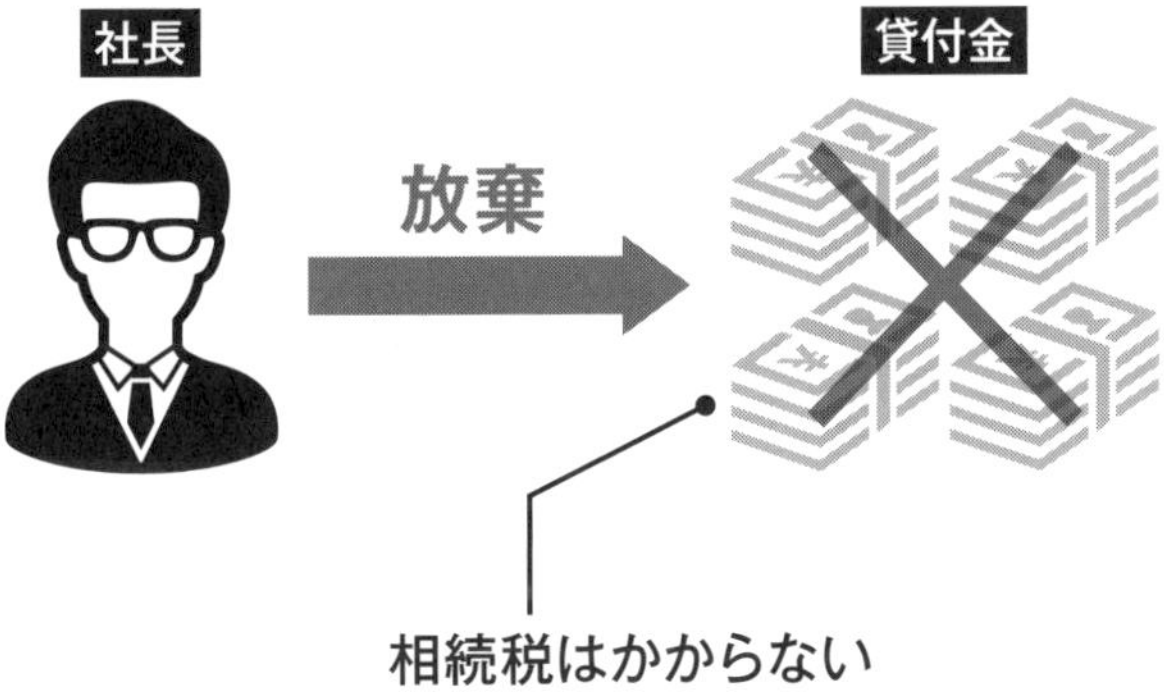

②貸付金を自社株にする

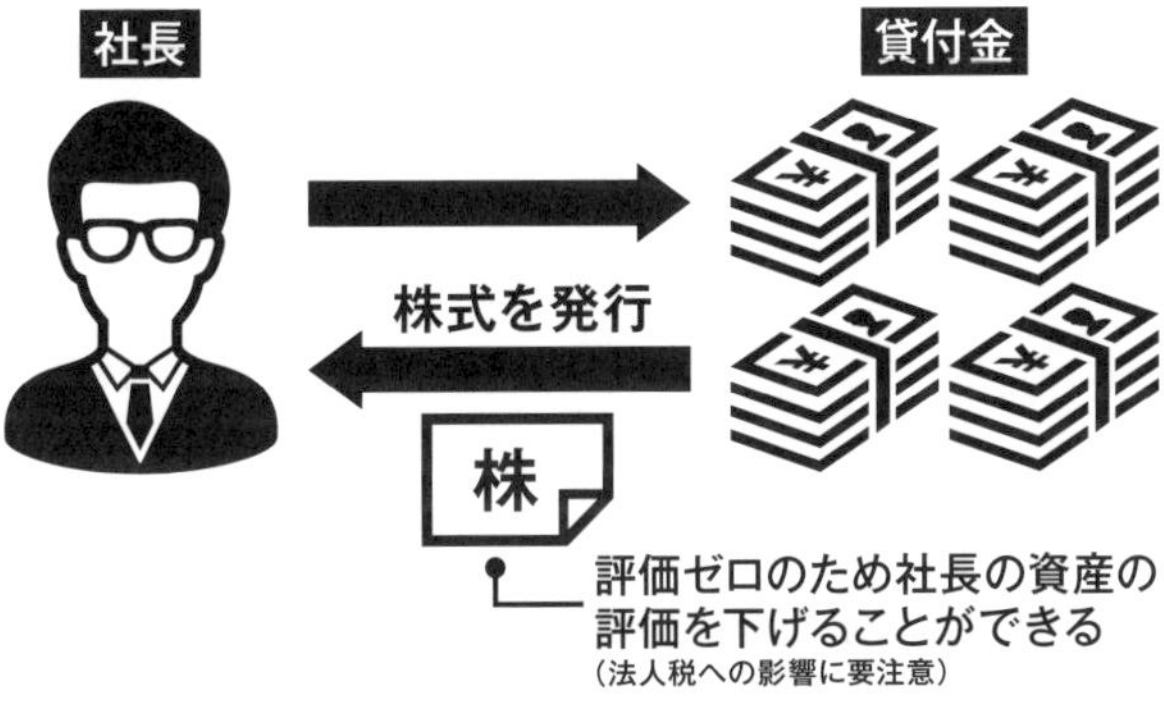

①より②のほうが節税につながる

いでしょう）。
※株主への影響…社長から他の株主への贈与に該当する場合があります。
※会社への影響…債務免除益の計上が必要です。繰越欠損金と併せて検討しましょう。

②役員借入金を資本金に振り替える

貸付金は、会社の資本金に振り替える（貸付金を自社株にする）ことができます。会社は、借入金を返済しなくてもよいかわりに、社長に株を発行するのです。この方法を、「デッド・エクイティ・スワップ（DES）」と言います。

この方法なら、貸付金は株へ転換するため、株式として評価されます。会社が債務超過である場合には、株の評価自体が「ゼロ」であることが多いため、相続税を計算するときに、評価額（社長の財産の評価額）を引き下げることができます。
※会社への影響…役員借入金と株式価額との差額が債務消滅益となります。

議決権のない株を発行すれば、後継者は、支配権を盤石にできる

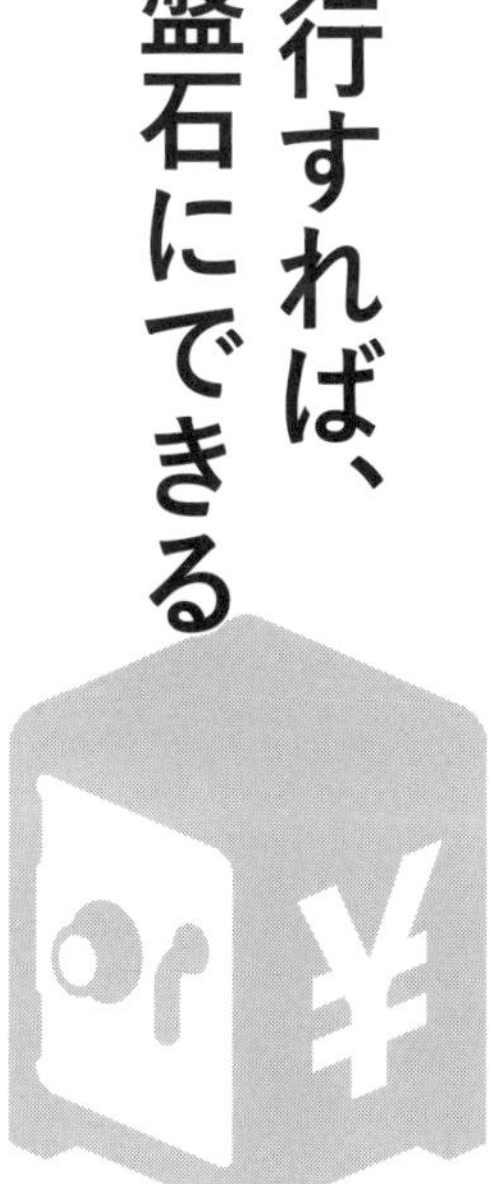

「種類株式」を活用して、後継社長に経営権を集中させる

非公開の中小企業は、さまざまな種類の株式を発行することができます。これらを総称して「種類株式」と言います。

種類株式を発行すると、株主の権利を制限したり、強化したりすることができます。経営の安定を図るためには、後継社長に絶対的な議決権を与えておくことが必要です。

事業承継において使われるのは、次の２つです。

①議決権制限株式

「議決権制限株式」は、株主総会で決議する全部または一部について、議決権を行使することができない株のことです。

この株式を活用すれば、議決権の分散を防ぐことができます。たとえば、会社を継ぐ子どもには普通株式（議決権のある株式）を発行し、後継者以外の子どもには議決権制限株式を渡せば、後継者が持つ議決権の割合は影響を受けません。

②拒否権付株式

「拒否権付株式」とは、株主総会で決議しなければならない事項について、これらの決議に加えて、別途、拒否権付株式を持つ株主による決議が必要となる株式です。

わかりやすく言うと、株主総会で可決した事案であっても、拒否権付株式を持つ株主が「ノー」と言えば、拒否することができます。この株式は、別名**「黄金株」**と呼ばれています。

「後継社長に株の大部分を譲渡するけれど、後継者の経営手腕に不安が残る」ような場合は、先代社長は拒否権付株式を保有し、後継社長に助言を与えることができます。

種類株式を使って経営を盤石のものにする

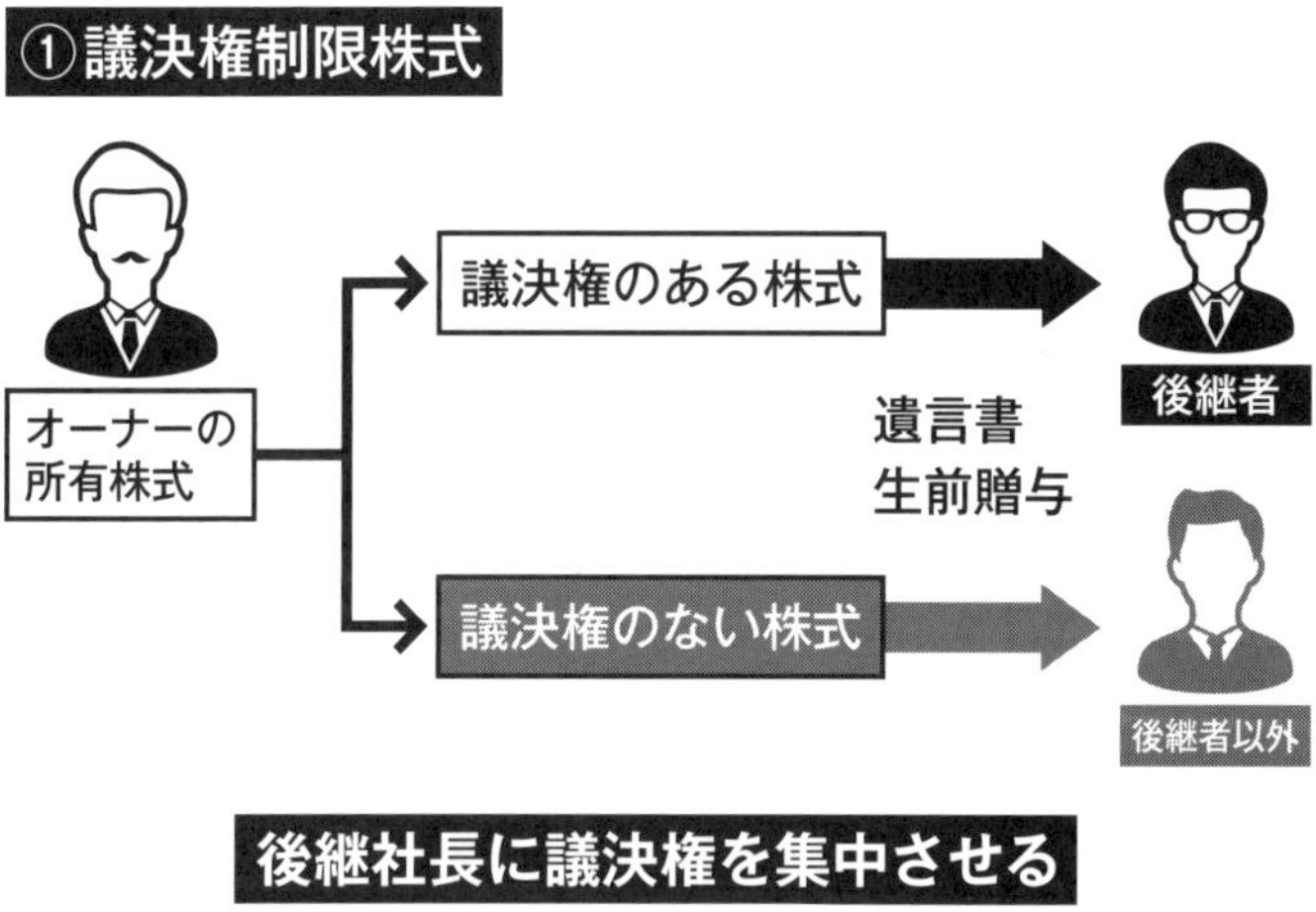

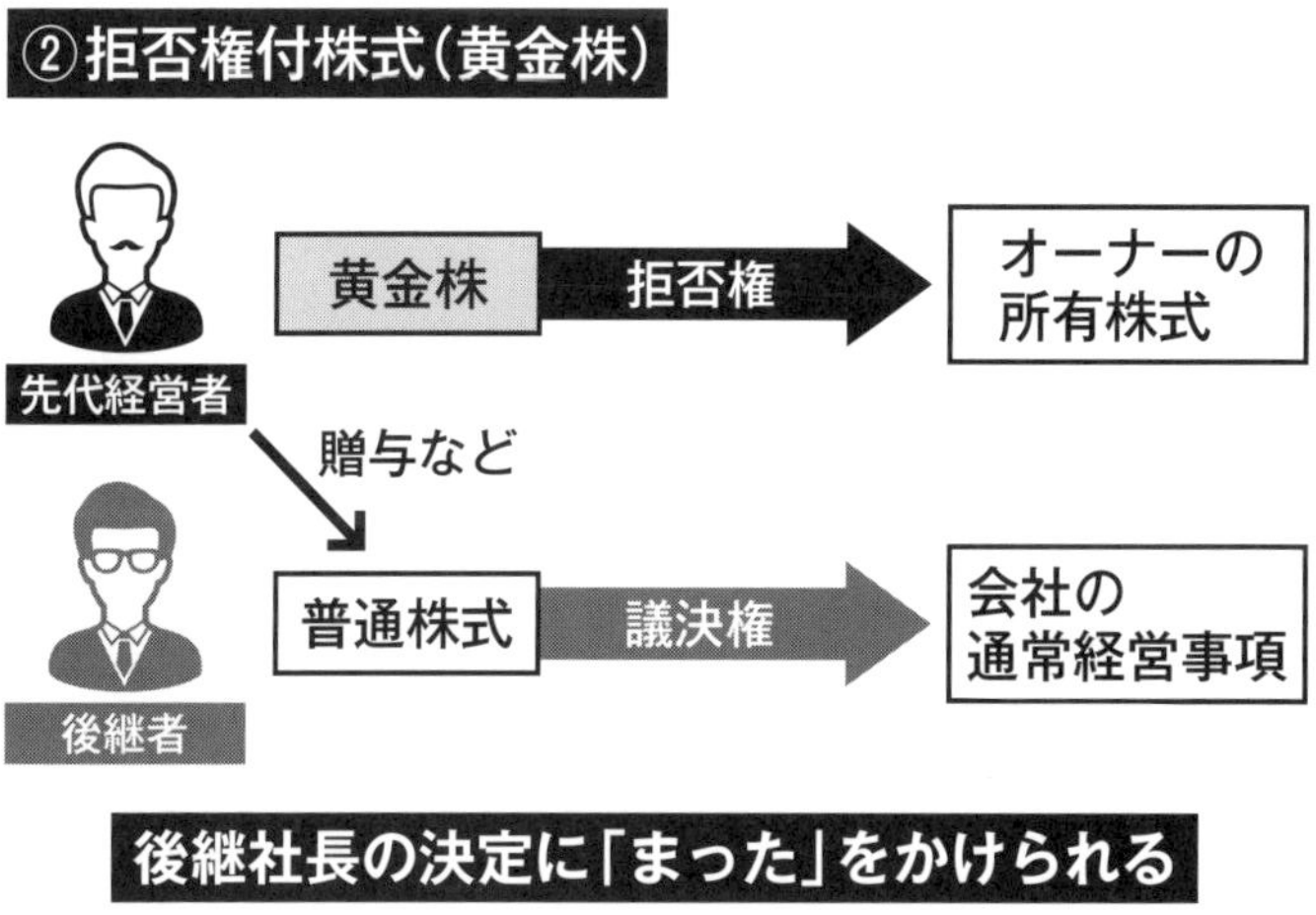

種類株式を上手に使うと、後継者の経営を盤石なものにすることができます。ですが、「すでに発行している株式を種類株式へ変更する」「種類株式を新規に発行する」などの手続きには、会社法の知識が必要です。

種類株式を使った事業承継をする場合は、専門家の力を借りたほうがいいでしょう。

株価を「1円」に引き下げて、格安で株式承継をするテクニック

「株式会社武蔵野」の小山昇社長が行った、強《したた》かな株式承継

「ランドマーク税理士法人」は、**「株式会社武蔵野」**（以下、武蔵野）の経営サポートパートナー会員です。

武蔵野は、ダスキン事業を基盤とし、中小企業の経営サポート事業を行っています。武蔵野を率いるのは、小山昇社長です。小山社長は、「落ちこぼれ集団」と言われた武蔵野を改革し、15年連続増収増益の超優良企業に育て上げた経営者です。

小山社長の「株式承継」の手法は、じつにあざやかです。毎年増収、経常利益も増益を

続けている中で、株価を「1円」まで下げて株式の承継を行ったのです。

会社の業績が良ければ、株の評価額は上がるはずです。それなのにどうして小山社長は、株価を「1円」に引き下げることができたのでしょうか？

小山社長が行った株式承継のポイントは、おもに「2つ」あります。

①持株会社をつくる

②財務を意図的に悪くする

①持株会社をつくる

持株会社とは、個人所有していた株式を代わりに所有する会社のことです。

小山社長は、会社法の施行前に、資本金400万円で、「有限会社小山経営計画研究会」を設立しています（現在、有限会社の設立は認められていない）。

この持株会社に、小山社長個人が所有していた株の一部（武蔵野の株の50％）を移しています。このことにより、小さな会社（小山経営計画研究会）が大きな会社（武蔵野）を支配する構図ができています。

「武蔵野」の株式の比率

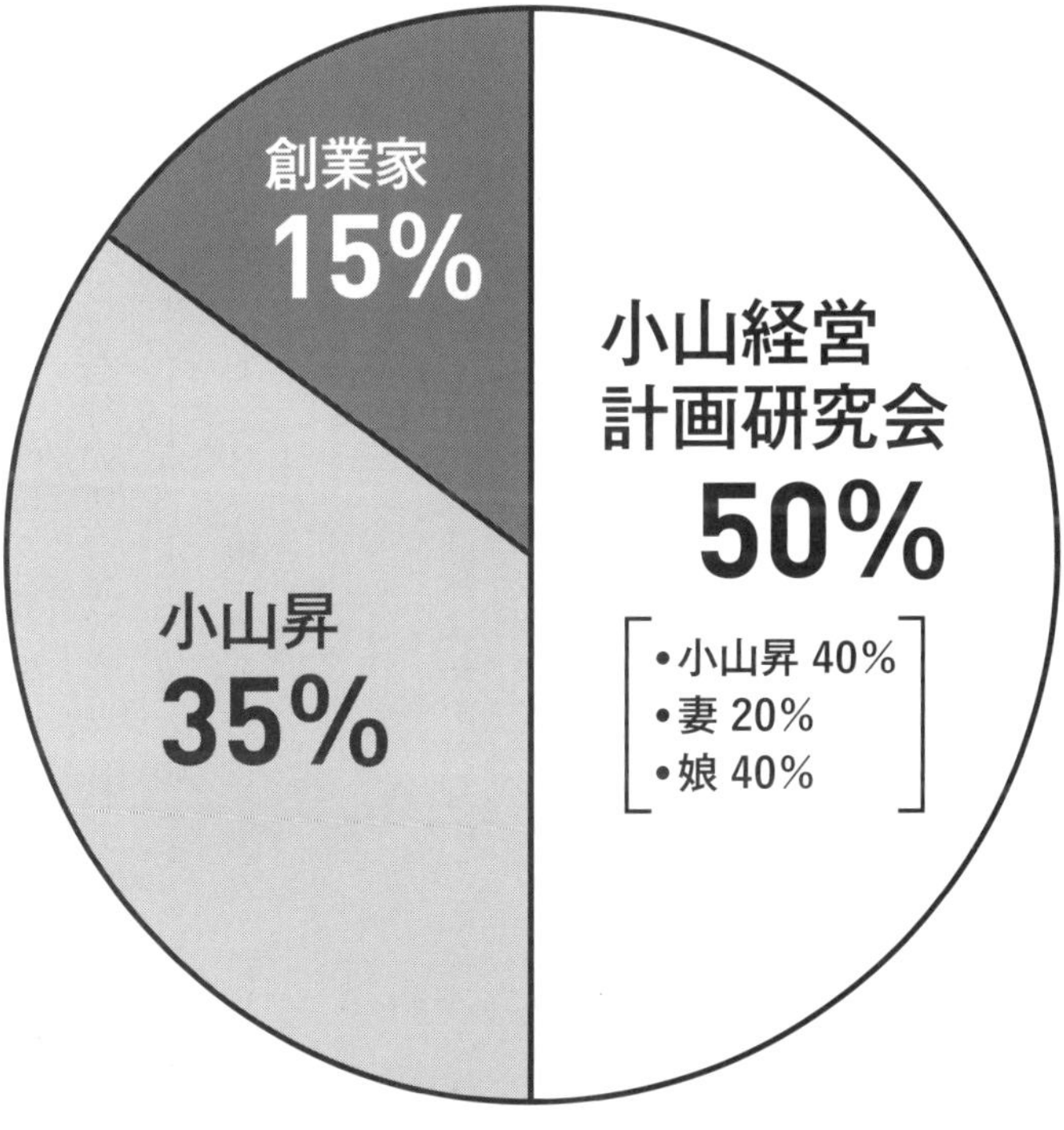

**小山社長の所有する35%の株式を
「武蔵野」の自社株にすると、
「小山経営計画研究会」の力は増大する**

「有限会社小山経営計画研究会」の持分は、小山社長が160万円、奥様が80万円、娘さんが160万円です。持分は会社の所有権であり、株式会社の株式に該当します。つまり、「小山経営計画研究会」のオーナーは、小山社長と娘さんということになります。

持株会社をつくるにあたって、「子（娘）の100％出資」にしなかったのには、理由があります。

「小山社長の身が危なくなる可能性が残る」からです。

「子の100％出資」で設立すると、持株会社が保有する武蔵野の株は、すべて娘さんのものになります。もちろん、小山社長は娘さんを信用していますが、娘さんが将来結婚して、そのご主人にそそのかされることもありえます。だから、「子（娘）の100％出資」にしなかったのです。

【持株会社を設立するおもなメリット】

- 本体の株式は持株会社が保有しているので、本体の株の相続は発生しない。
- 株式の買い取り資金を調達するとき、法人化していれば、銀行の融資が受けやすい。

※小山経営計画研究会では、事業承継のために武蔵野から土地と建物を購入して、その

建物を武蔵野に貸しています。土地の購入費用は、持株会社が銀行から借りています。借金の返済には「武蔵野から得る賃貸収入」を充てているので、小山社長も娘さんも、個人のお金を使っていません。

- 社長が複数の会社を経営している場合、事業承継は会社の数だけ必要です。ですが、持株会社がすべての会社を支配していれば、持株会社の株を承継するだけで終わる。
- 持株会社の相続と、本体の相続を比較した場合、相続税の額は変わらないが、本体の会社が成長して株に含み益（保有している株の株価が購入した価格よりも高くなること）が生じると、含み益に対しては一定の控除があるため、節税になる。

②財務を意図的に悪くする

小山社長は、3年がかりで武蔵野の株価を引き下げています。

小山社長が目指したのは「配当ができない状況」をつくることです。配当は、配当可能利益があってはじめて可能になります。ということは、配当可能利益（会社が決算期ごとに配当できる上限）をできるだけ少なくすれば、配当が引き下げられて、自社株の評価額も下がります。

そこで、新規事業を立ち上げるとともに、既存事業の販売促進にもお金をつぎ込み、**「開発費」**を大きくしています。1年以内に成果が出ない経費は、繰延資産の「開発費」として計上できます。

新店舗を1年目に3店舗、2年目に5店舗まで増やして大きな先行投資をしたので、しばらくは利益が出ません。結局、3年間で5億1000万円の開発費を計上しています。

この先行投資によって配当可能利益はマイナスになり、配当はゼロになりました。

この「配当ゼロ」を3年続けた結果、武蔵野の自社株の評価は「1円」にまで下がったのです。このタイミングで、小山社長が所有していた自社株のうち「50%」を持株会社に移しています。このとき、持株会社が支払った費用は「9万6000円」のみ。**10万円以下で株式の承継をやってのけた**のです。

この株式承継の手法は、小山社長のように、民法、税法、会社法に精通している必要があります。

また、「財務を意図的に悪くする」と資金繰りが圧迫されるので、株式承継をはじめる前に、「不良債権を処理するなどして、銀行格付けを良くする。そして、銀行から長期の借り入れをしておく」などの準備が必要でしょう。

※小山社長は、さまざまな企業に事業承継のアドバイスをしています。次ページからは、小山社長の指導を受けた４社の実例をもとに、「事業の残し方」のポイントをご紹介していきます。

積極的な新卒採用で、後継社長の味方を増やす

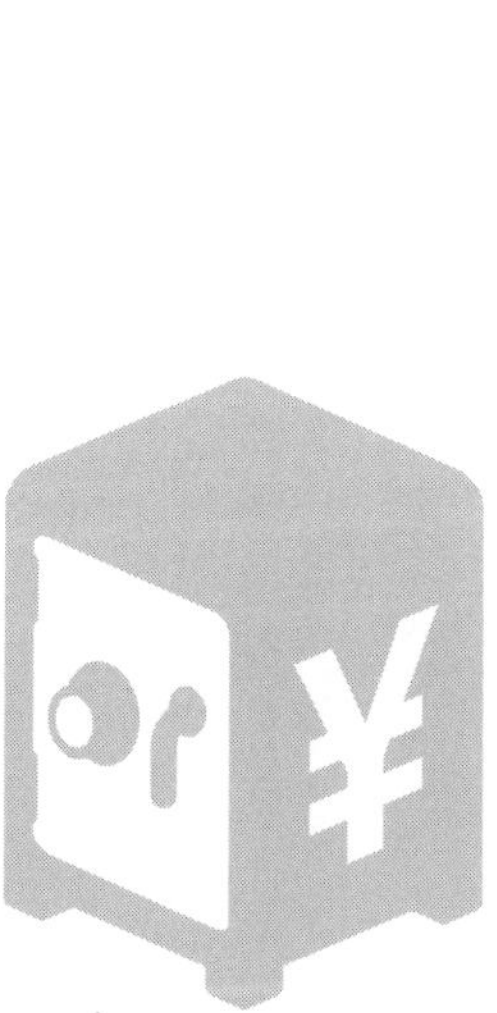

後継社長が自ら社員を採用すると、古参社員の反発が防げる

自分の子どもを後継者に選ぶと、古参幹部から「まだ早い」「実力もないくせに会社をつぶす気か」と反発を受けることがあります。

いくら先代の子どもとはいえ、実力が未知数な子どもが社長になることを快く思わない社員もいます。

古参社員を黙らせるひとつの方法は、**後継者に「新卒採用」を任せる**ことです。

新卒採用を担当すれば、後継者は、「自分と価値観の合った人材」を採用できますし、採

用後も継続的なコミュニケーションを取ることで、「自分（後継社長）の味方」を増やすことができるでしょう。

「株式会社渡辺住研」（賃貸管理業務／本社：埼玉県）の渡邉毅人社長は、先代から会社を譲り受ける前に、「新卒採用」を積極的に行っています。味方を増やすためです。

「それまでは新卒の採用をしたことはなかったのですが、経営指導を受けている小山昇社長から、『渡邉さんが採用したメンバーが51％以上いれば、古参幹部も文句を言いにくくなる』と教えられ、新卒を募集することにしました」（渡邉社長）

2000年から新卒採用をはじめ、新卒社員が過半数を超えたのが、2004年。その翌年の2005年に社長に就任しています。

「新卒採用をはじめるまで、私は社長の息子でありながら蚊帳の外で、意見を言うことさえ許されない雰囲気がありました。けれど、新卒が過半数を超えてからは状況が変わりました。私のビジョンに共感し、私の意見に耳を傾け、私と一緒に頑張ってくれる社員がい

ることは、本当に嬉しいことですね」（渡邉社長）

渡邉社長が事業承継をするにあたって、古参の幹部のひとりに「赤字の事業部を売却し、独立させた」のも、小山社長のアイデアです。

その幹部に独立志向があれば、たとえ赤字の会社でも、魅力的な提案と言えます。2代目、3代目の下でくすぶっているより実力を発揮できるので、黒字にするのも難しくありません。古参幹部を外に出してしまえば、のちのち、渡邉社長に反旗を翻す心配もありません。

赤字事業を幹部に売却して独立させれば、後継社長も、会社も、幹部もすべて納得のいく事業承継ができるのです。

多額の保険金が入ってきても、手放しで喜んではいけない

生命保険金には税金がかかる

生命保険を法人契約すると、保険金の受取人は、会社になります。社長の身に万一のことがあっても、「会社の経営を安定させられる」といったメリットがある一方で、保険金は会社の収入として算入されるため、税負担が大きくなることがあります。

「株式会社猪井」（呉服卸業／本社：新潟県）の猪井一之社長は、先代の急死により、死亡保険金として5800万円を受け取ることになりました。

「父が亡くなったのが12月です。年明けに保険会社から『5800万円を振り込みます』という連絡をいただきました。

わが社の決算は3月でしたので、5800万円は収益とみなされてしまいます。このままでは多くの税金を支払うことになる。そこで私は、不良在庫を処分して、売却損を出すことにしたのです」（猪井社長）

猪井社長は、小山社長の指導のもとで、

- 不良在庫を3000万円程度処分して（安く販売して）売却損を出す
- 株券1000万円分を600万円で売却して除却損を出す
- 母親へ遺族退職金を1800万円ほど出す

などの手を講じて、利益を圧縮しました。

「死亡保険金5800万円に関しては、ほぼ税金を払わずに残すことができました。ただ、心残りなのは、父が突然亡くなったので、事業承継や相続対策が十分にできなかったことです。

株の評価額も高かったので、相続税のことを考えると、私がすべての株を持つことができません。そこで母に少し株を持ってもらい、現在は、母から少しずつ譲り受けている状態です。父が元気なうちから対策を取っていたら、もう少しスムーズに株式承継ができたでしょう。もっと早く事業承継をしておけばよかったと思います」（猪井社長）

祖父が持つ株を、父親を飛ばして相続する

✓ 雇われ社長から、名実ともにオーナー社長へ

「有限会社名取鶏卵」（鶏卵卸売・洋菓子製造販売／本社：長野県）の名取剛社長は、かつては、社長でありながら、支配権を持たない「雇われ社長」でした。持ち株比率は、株式の70％を98歳の祖父（先先代）が持っていたからです。

そこで、株を自分に集中させるために、名取社長は次のような方法を考えました。

「祖父に『父親である現会長に株を相続させる』という遺言を書いてもらい、祖父が持つ株式をいったん現会長（父親）に集める。その後、父親から株を相続したほうが安く買える。そう考えていました」（名取社長）

ところが、この方法は問題をはらんでいました。いったん父親を経由するため、名取社長が支配権（株式の3分の2以上）を得るまでに時間がかかってしまうことです。

「祖父が持つ株は2000万円以上ありました。いったん父親が相続し、その後、私に『110万円の基礎控除（非課税枠）』による生前贈与を行った場合、父親から私に株が渡るのは、約20年後になります。それでは、たとえ安く相続できたとしても、遅すぎます。それに、もうひとつ問題がありました。父は私よりも弟を評価していたので、父は私ではなく弟に株を譲る可能性があったんです」（名取社長）

その後、名取社長は、小山社長に相談し、**「祖父から、直接株を買う」**ことを決めます。ですがこのとき、先先代は脳梗塞を発症していたそうです。

「麻痺の残る震える手で、株の売買契約書にやっとの思いでサインをしてくれた祖父には感謝してもしきれません。サインを終えるまで、30分近くかかったと思います。

私がすぐに行動していれば、祖父に大変な思いをさせずにすんだと反省しています。その後、銀行から個人融資を受け、何とかオーナー社長になることができましたが、祖父から株を買わなかったら、私はこれからも決定権を持たない、雇われ社長を続けていたでしょう。

現在、私は74％の株を持っております。今は、雇われ社長のときよりは気持ちに余裕ができましたし、以前にも増して『良い会社をつくっていきたい』という思いが強くなっています」（名取社長）

贈与や相続の話は、父親との関係が円満なときに行う

先代を納得させるためには具体的な「数字」で説明する

「株式会社ベルハース」（総合葬祭業／本社：群馬県）の林直哉社長は、「先代（父親）から、無理やり、社長を奪うような形でスタートした」と言います。社員の多くが、そして林社長自身が、父親（現会長）のやり方に不満を持っていたからです。

その当時、株式は100％父親が所有していたため、林社長は次のような手順で、少しずつ、株式承継を進めていきます。

①父親の財産をすべて洗い出し、把握する

②父親に株の話をするタイミングを見計らい、少しずつ進める

③父親と食事をして、関係性の向上に努める

「父は、株に対して無関心で、『自分が死んだら、自動的に相続される』くらいにしか思っていませんでした。そこで、生前贈与の必要性について父親に説明をしたんです。説明をするときは、具体的な数字を用いました。

どれだけ売上が変化したか。どれだけの設備投資をして、どれだけの利益が出たか。どれだけお客様の数が増えたか。どれだけシェアが伸びたかなど、私が社長を継いでからの会社の状況を、すべて数字で説明しました」(林社長)

具体的な数字を示しながら、林社長は、「このまま対策を取らずに相続した場合の見立て」も伝えています。

「『このまま相続が発生すると、相続税は5000万円を超える。けれど、今のうちに贈与

しておけば、５０００万円も払わないですむ』。そう説明したんです」（林社長）

株式承継をするにあたって、林社長は、意図的に赤字が出るように不良在庫を処分するなどして、特別損失を出しています（ギリギリ赤字になるように約１０００万円分の不良在庫の廃棄損を特別損失に計上）。

その際、各取引銀行には「株式承継をするために、不良在庫を処分するなどして、わざと赤字を出す」ことを説明しておいたそうです。

さらに、生前贈与の際に、「相続時精算課税制度」（96ページ）を使って、株を一気に移しています。

「結果的に、**贈与税は１００万くらいですみました。**将来、相続のときに相続税を払う必要はありますが、今は、私に１００％の株が移りました。父親との関係もとても良好です」（林社長）

おわりに

税務調査に入られるか、入られないかは、税理士選びで決まる?

富裕層を対象とした税務調査の件数は、年々、増加傾向にあります。
とくに相続税は、ほかの税金よりも納税額が高額になるため、税務署も、積極的に調査を実施しています。

税務調査は、相続税案件の
「4件に1件の割合」
と言われていて、税務調査があった場合には、約80%~90%の確率で申告漏れが指摘されています。

多くの預貯金が頻繁に動いている場合や、相続争いがあると、調査の対象として選定される場合が多いようです。

一般的な税理士法人が税務調査を受ける確率は「30％」ですが、**「ランドマーク税理士法人」の場合は「1％」以下**（平成26年に行われた税務調査の確率）です。

私たちが、税務調査に入られない理由は、おもに「２つ」あります。

①書面添付制度を導入しているから

「ランドマーク税理士法人」は、税務調査に備えて、事前の準備はもちろん、調査当日の立会い、交渉・折衝、調査結果を踏まえた事後指導も行っています。

申告書のほかに「書面添付制度」を実施しているので、税務署からの信頼を得ることにつながっています。

書面添付制度とは、税理士が申告書を作成するにあたって、計算、整理、相談に応じた事項を書面にまとめて添付する制度です。

税務署が確認したい内容（業績の顕著な変化や、その理由）を説明しておくことで、税務調査に入る可能性が低くなると言われています。

また、この制度を利用すると、仮に税務署から目をつけられても、税務調査の前に税理士から意見を述べる機会（意見聴取）が与えられます。

これによって「税務調査が省略される」ことが多くあります。

この制度は、添付資料の作成に事務的な負担がかかりますし、虚偽の記載があった場合には、処罰を受ける可能性があり、導入している税理士事務所はまだ少数です。

②相続税対策を専門としているから

「ランドマーク税理士法人」では、**2000件超の相続税申告実績**があります。相続税対策を専門としているため、さまざまなノウハウを蓄積しています。

税理士にも専門分野があって、「相続税の申告をまったくしたことがない」という人もいます。

多くの税理士は、法人税や所得税を専門にしていて、相続税を専門とする税理士はとても少ないのが現状です。

税務署から見ると、相続税を専門にする私たちは「手強い」相手です。かつて私は、税務署の担当者の理不尽な要求に対して、怒鳴り返したこともあります（笑）。

税務署も「清田さんのところが申告書をつくっているのなら、質が高いので（税金を）取ることができない」とみなしてくれているのかもしれません。

信頼できる「税理士」の見分け方

税務調査に入られるか、入られないかの分かれ道は「パートナー選び（税理士選び）」で決まるといっても言いすぎではありません。

「知り合いの紹介だから」「昔からの付き合いがあるから」「うちの会社の顧問税理士だから」という理由だけで税理士を選ぶと、多額の相続税を支払うことになったり、税務調査に入られる確率が高くなってしまいます。

相続税の節税をするためにも、そして、税務調査に入られないためにも、相続案件に精通している「プロのパートナー」が必要です。

税理士の業務の中でも、相続は、とくに、経験がものをいう領域です。また、相続に精通した税理士であれば、「生命保険」「賃貸経営」「事業承継」などの対策を検討するときも、専門的なアドバイスをもらえるでしょう（信頼できる業者を紹介してくれることもあります）。

税理士に相続案件の相談をするときは

「相続税の申告をこれまで何件してきましたか？」

「書面添付制度を利用していますか？」

といった質問をするのも、その税理士が十分な知識と経験を持っているかを確認するひとつの方法です。

ぜひ、信頼できる「プロのパートナー」を見つけていただきたいと思います。

最後になりましたが、推薦の言葉をお寄せくださいました、株式会社武蔵野代表取締役、小山昇社長、事例の掲載をご許可くださった各企業の社長様、お客様、そしてここまでお読みくださった読者のみなさまに、心から御礼を申し上げます。

本書が、みなさまの資産づくりの一助になることを祈念しています。

ランドマーク税理士法人 代表税理士

清田幸弘

著者紹介

清田 幸弘（せいた・ゆきひろ）

ランドマーク税理士法人 代表税理士

神奈川県横浜市の農家に生まれる。明治大学卒業後、地元農協に9年間勤務。金融・経営相談業務を行ったのち、税理士に転身。1997年に清田幸弘税理士事務所を設立、その後、ランドマーク税理士法人に組織変更。自身の生まれと農協勤務経験を活かした相続コンサルティングには定評があり、過去に手がけた相続税申告件数2,000件超は全国でもトップクラス。また、資産家、金融機関、不動産会社、税理士向けにセミナー講師を年間230件以上手がけている。著書は『そろそろ相続のこと、本気で考えないとマズイですよ！』（あさ出版）など多数。

ランドマーク税理士法人グループは、東京・丸の内の無料相談窓口「丸の内相続プラザ」、横浜ランドマークタワーをはじめ、首都圏に10の本支店を展開。申告件数はもちろん支店数、国税OBを含む社員数（資格者多数）、発行書籍数、実施セミナー数の多さは、他に例を見ない。また、相続・事業承継案件に強く、税務調査が少ない（全国平均22%に対して1%）ことでも注目を集めている。

お金《かねも》持ちはどうやって資産《しさん》を残《のこ》しているのか　〈検印省略〉

2016年　10　月　3　日　第　1　刷発行
2016年　10　月　21　日　第　2　刷発行

著　者――清田 幸弘（せいた・ゆきひろ）
発行者――佐藤 和夫

発行所――株式会社あさ出版

〒171-0022 東京都豊島区南池袋 2-9-9 第一池袋ホワイトビル 6F
電　話　03 (3983) 3225 (販売)
　　　　03 (3983) 3227 (編集)
F A X　03 (3983) 3226
U R L　http://www.asa21.com/
E-mail　info@asa21.com
振　替　00160-1-720619

印　刷　文唱堂印刷株式会社
製　本　本村製本株式会社

乱丁本・落丁本はお取替え致します。

facebook　http://www.facebook.com/asapublishing
twitter　http://twitter.com/asapublishing

ISBN978-4-86063-916-7 C2034

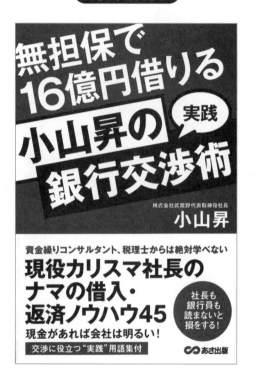